L'esprit de la forêt

Mon combat pour l'Amazonie

JIKITI BUINAIMA

L'esprit de la forêt

Mon combat pour l'Amazonie

traduit de l'espagnol par
CLAIRE LAMORLETTE

Les Éditions de Paris

54, rue des Saints-Pères, 75007 Paris.

À l'être qui me donna la vie,
à ma mère adorée, Rosa de Mendoza.

Paris, printemps 1995.

L'auteur tient à remercier tout spécialement Jean-Patrick Razon, de Survival France, qui, le premier, lui a donné la confiance nécessaire pour mener à bien l'écriture de ce livre.

Note de la traductrice

Une sorte de fatalité liée au mythe du progrès et à la course au profit veut que les sociétés dites primitives soient vouées à la disparition. Au mieux, elles sont l'objet de la recherche ethnologique et de la curiosité touristique. Au pire, elles sont tout simplement niées et éradiquées. « C'est une question de réalisme ; le développement exige des sacrifices », tel est l'argument communément repris pour justifier ce que l'éthique condamne.

Au début de son adolescence, Jikiti Buinaima a connu une acculturation qui aurait pu effacer à jamais son identité miraña. Mais son parcours hors du commun et sa quête personnelle de connaissance lui ont permis de ne pas subir passivement le monde des Blancs. Il s'est, au contraire, efforcé de le comprendre, d'en saisir les multiples facettes grâce à une réflexion sur ses expériences et son rapport à ce monde. Sa résistance à l'assimilation conjugue éducation traditionnelle et formation autodidacte. Des questions apparaissent, qui renvoient aux conflits des sociétés industrialisées : l'innocence des peuples primitifs fait d'eux une proie facile pour le système économique dominant. Celui-ci ne s'embarrasse pas de scrupules pour sacrifier brutalement et définitivement des écosystèmes avec leurs habitants.

Face à cette menace, l'instruction constitue un précieux moyen de défense pour les populations amazoniennes. A condition qu'elle n'engendre pas leur déculturation. En revanche, une tribu ignorée des Blancs est extrêmement vulnérable car elle n'a aucun outil pour faire valoir ses droits fondamentaux.

Dans *L'esprit de la forêt*, l'ingénieur Maya aime les Indiens tout en travaillant pour un système qui assure sa survie au prix de leur sacrifice. Ecartelé, lui aussi, par ses contradictions, il a une conscience malheureuse ; il se sent coupable en même temps qu'impuissant. Et coupable parce qu'impuissant. « J'écoutais attristé le docteur Maya. Le progrès était un virus qui le détruisait de l'intérieur. » A l'instar du docteur Maya, notre civilisation n'est-elle pas prisonnière de ce dilemme ? L'issue semble introuvable. Pourtant, dans sa superbe diversité, la vie des Indiens d'Amazonie, par la parole de Jikiti Buinaima, laisse entr'apercevoir une voie plus sage : ces peuples indigènes ont des savoirs à transmettre et une richesse inestimable à partager. Que ces écologistes naturels cessent d'être considérés comme des primitifs ignorants. Ils ont, eux aussi, un rôle de coopérants à jouer, qui pourrait s'inscrire dans le cadre de rapports Sud-Nord. Car le Nord orgueilleux continue d'imposer au Sud un développement qui satisfait d'abord ses intérêts aux dépens des peuples relégués au rang d'assistés. A l'heure où les équilibres écologiques planétaires sont mis en péril, il est temps d'envisager la coopération sous l'angle des savoirs échangés. La réflexion est ouverte.

En tant que fils de la forêt, Jikiti Buinaima apporte une vision de l'intérieur. La culture orale héritée de ses parents et ancêtres a imprimé son accent poétique à l'écriture. L'animisme miraña est partout présent et le rêve imprègne le récit, rendant la forêt vierge à la fois palpable et magique. De conteur et accusateur, l'auteur devient l'anthropologue de sa société et de celle des Européens. Dans ces pages, les Blancs sont évidemment compris en tant que complices et acteurs d'un système destructeur des sociétés vivant en osmose avec la nature. Le terme d'indigène est ici préféré à celui d'Indien, non seulement à cause de l'équivoque historique née avec Christophe Colomb, mais aussi pour sa connotation raciste déclarée en Amérique latine. Ce mot d'Indien claque comme une insulte et cristallise le mépris des vainqueurs. Aujourd'hui, le droit que revendiquent les peuples amérindiens passe par la dénonciation de cette équivoque.

CLAIRE LAMORLETTE.

Là où apparaît l'homme blanc,
apparaissent la faim et la mort.
Là où l'on entend l'horrible bruit
des machines modernes,
on entend l'agonie de la forêt.
D'abord meurt la selva…
ensuite nous périrons tous.

Je suis un enfant de la Forêt sacrée située sur les rives du fleuve des Guerrières Indigènes Amazones, ainsi baptisé par Francisco de Orellana, celui qui découvrit le fleuve Amazonas, en 1542.

En octobre 1991 j'entrepris un long et hallucinant voyage dans la panse d'un gigantesque oiseau métallique à destination de la France.

Jamais je n'avais imaginé débarquer ici, « de l'autre côté de la Terre », expression que nous, les indigènes, nous employons pour nommer tout ce qui s'étend au-delà de la selva. Je ne pensais pas non plus me retrouver ici, au milieu du « peuple fourmi », comme nous désignons les Blancs européens, ceux qui coupent nos arbres avec leurs machines modernes, telles ces « fourmis arrieras » qui sectionnent les plantes de la jungle avec leurs puissantes tenailles.

En tant que fils de la forêt, j'ai subi un grand choc émotionnel, culturel et spirituel, face à cette autre selva de machines et d'asphalte. Du haut de la tour Eiffel, j'ai observé tristement comment vit le peuple fourmi, plongé dans la folie collective. Cette tour faite de morceaux de métal et de longues lianes de fer me semblait un arbre gigantesque, sans vie, sans branches ni feuilles, ni fleurs ni fruits, mais soutenu par d'énormes racines métalliques ; froid et muet comme les gens. Mais, avant d'entreprendre le récit de mon expérience dans cette faune humaine, je souhaiterais raconter la vie de la Forêt sacrée, parler de nous, les indigènes.

PROLOGUE

La vie dans la forêt amazonienne et l'histoire des Mirañas au temps du caoutchouc

Pour nous, la forêt n'a pas de valeur commerciale. La Selva est notre mère. Toutes les tribus son nées de son sein ainsi que toute manifestation de vie, depuis le termite qui construit ses minuscules pagodes, jusqu'au Grand Jaguar, symbole de nos mutations.

Pour nous, la Selva représente l'héritage et le patrimoine historico-culturel légués par nos ancêtres. Les pétroglyphes découverts sur certaines roches de la selva sont les témoins de notre généalogie ; ce sont les « documents légaux » qui nous rendent propriétaires à vie grâce au système de succession des terres. La Selva sacrée est à la fois notre Habitat, notre Cathédrale et notre grande *Maloca** spirituelle. La Selva est notre principe de vie, notre raison d'être et le but de notre existence. Là-bas, dans la Forêt sacrée vécurent nos grands-parents, nos médecins de la forêt, nos savants qui gardaient le secret de notre histoire et de nos origines. Et cette tradition orale, nous voulons la transmettre à nos descendants. Ce sont nos grands-pères qui nous ont appris à vivre en paix, en harmonie, en équilibre avec la selva, sans rien changer, sans rien détruire, sans jamais rien polluer. Ce sont eux qui nous ont enseigné le langage universel de la Nature, la communication sacrée avec tous les habitants et créatures de ce monde incommensurable. Nos médecins nous ont montré comment préparer des remèdes avec des substances végétales, des résines, des huiles et baumes, avec de la poudre d'os d'animaux morts, avec la graisse des poissons et des mammifères aquatiques. Ils étaient les gardiens de la vaste connaissance et de toute la science indigène acquises au cours

* Maison plurifamiliale.

des générations, fruits de milliers d'années d'expérimentations et d'observations. Nos chamans nous ont également enseigné à guérir nos malades avec notre propre énergie spirituelle, nos danses et prières rituelles. Notre connaissance en matière de culture des plantes médicinales et de domestication des plantes utiles ou comestibles découle de l'observation et de l'apprentissage aux côtés de nos ancêtres. Ceux-ci nous ont transmis le rituel compliqué de la période d'initiation pour devenir « chamans », guerriers, etc. Grâce aux substances sacrées découvertes par nos ancêtres, nous pouvons communiquer avec les esprits de la forêt, nous pouvons acquérir d'autres capacités physiques, mentales et spirituelles.

La connaissance sur les substances qui produisent en nous des visions cérébrales, des voyages intérieurs, la clairvoyance et autres pouvoirs d'interprétation occulte étaient exclusivement détenus par nos ancêtres. Ces substances sacrées sont extraites de plantes, lianes, écorces, feuilles et racines. La plus connue est celle tirée du « yajé », liane très utilisée par différentes tribus d'Amazonie. Nos grands-pères nous ont également appris à domestiquer la coca éternelle. Aujourd'hui encore, nous pratiquons dans nos malocas le rite de la préparation de la coca, à la manière de nos ancêtres il y a des milliers d'années. Cette poudre verte, extraite des feuilles d'un arbuste, est seulement utilisée par certains peuples du Pérou, de Bolivie, d'Équateur et de Colombie. Des tribus, comme les Kogis et les Arhuacos de la Sierra Nevada de Santa Marta (côte Atlantique colombienne), mastiquent la coca avec une poudre alcaline qu'ils extraient de pierres et qu'ils conservent à l'intérieur de leurs calebasses appelées « poporos ». Nous, les indigènes mirañas et boras, nous préparons la poudre verte de la coca en grillant les feuilles à feu lent sur le « budare », foyer constitué de débris de terre cuite, puis nous les broyons au pilon pour les mélanger avec la cendre alcaline extraite des feuilles du Cetico ou Yarumo.

Quand nous mastiquons la poudre verte ainsi obtenue, nous ne sentons plus ni faim ni sommeil, ni froid ni paresse ; nous pouvons marcher de longues journées dans la forêt, nous chassons, nous pêchons, nous plantons nos jardins, nous conversons avec les esprits de la forêt, nous soignons nos malades, nous préparons nos médicaments ; toutes ces activités, nous les menons sous les effets stimulants des feuilles de coca. Ainsi, nous restons plus sensibles au monde qui nous entoure, nous percevons les odeurs les plus subtiles émanant des animaux, des oiseaux, des fleurs et des fruits de la selva, nous pouvons capter les sons inaudibles de la respiration venant de la terre, nous entendons avec netteté les bruits des insectes et grenouilles arboricoles et nous savons distinguer, parmi les coups de tonnerre et les éclairs, si les messages transmis proviennent de bons ou de mauvais esprits. Lorsque nous mâchons la poudre verte de la coca, nous pouvons, à la manière des caméléons qui changent de couleur, chasser en nous cachant en même temps de nos ennemis. Si de nombreux indigènes sont appelés « indiens invisibles », c'est parce qu'ils se peignent avec des substances étranges qui leur permettent de se confondre avec les feuilles sèches ou leur donnent l'apparence des troncs de palmiers épineux. Nous nous transformons aussi en êtres invisibles par l'intermédiaire d'activités magico-religieuses complexes, qui nous permettent de développer ces mêmes rites et cérémonies secrètes transmis par nos ancêtres et chamans.

A présent, vous pouvez mieux comprendre pourquoi mon monde indigène est un monde à part, surnaturel, spirituel, édifié sur d'autres états de conscience, très différent de celui dans lequel vivent les Blancs, ici, dans les hauts édifices parisiens.

Si je suis un enfant de la selva, c'est parce que je sens la vie comme un indigène, je pense comme un indigène et j'écris ces lignes avec ma propre manière de conter.

En 1850, ma tribu Miraña – mot qui dans cette langue désigne le peuple du centre de la Terre –, située près du fleuve Cahuinari, un bras du fleuve Caqueta au sud de l'Amazonie colombienne, comptait environ vingt mille personnes. A cette époque, les Mirañas n'avaient eu de contact avec aucun missionnaire et ignoraient l'existence des assassins de la Casa Arana, société d'exploitation du caoutchouc fondée par le Péruvien Julio Cesar Arana, son frère Lizardo Arana, et leurs beaux-frères Pablo Zumaeta et Abel Alarco. Durant des lunes et des lunes, durant d'innombrables saisons des pluies, nous avions vécu tranquilles, protégés par les verts colosses de la selva. Les gigantesques arbres Samaumas, je les avais vus s'embrasser de leurs branches puissantes, formant un mur impénétrable autour de mon village.

Nos « chacras », nos plantations, comptaient un nombre incalculable de plants de yuca ou manioc, d'ananas, de bananes, de palmiers pêche ou « chontaduro », de tabac, de « barbasco de raiz » ou nivrée. Les racines de nivrée sont employées pour la pêche dans les ruisseaux ; celles-ci contiennent une substance laiteuse toxique pour les poissons. Aujourd'hui, la médecine moderne utilise certains composants chimiques de cette racine pour fabriquer des pilules contraceptives. Nous cultivons aussi des lianes de curare, plante grimpante dont la sève paralysante découverte par les indigènes sert à enduire les dards des sarbacanes pour la chasse et qui devient un poison mortel, une fois mélangée aux sécrétions toxiques produites par certaines grenouilles dorées appelées flèches vénéneuses. Nous avions en outre planté la fameuse liane du yajé et différentes familles de plantes médicinales, oléagineuses, gummifères, fibreuses, comestibles ou ornementales, destinées à nos cérémonies et rites mythologiques. Nos fleuves et lacs étaient les hôtes naturels d'innombrables espèces de poissons comme le poisson doré à la couleur lumineuse, monstre pouvant peser 50 kg et dont la chair était habituellement transformée en farine. Nous chassions beaucoup de « dantas » ou tapirs sud-américains, des sangliers amazoniens ou pécaris, des cervidés au pelage roux, des singes laineux churucos, des singes volants, des oiseaux comme le pauxi au bec rouge, des dindes rousses, des perdrix sylvestres... et nous récoltions diverses sortes de noix, du cacao et des amandes. Nous chassions également des grenouilles géantes pouvant atteindre trente livres pour consommer leurs membres. Nous savions extraire le sel de certaines plantes aquatiques et des feuilles de palmiers.

L'histoire et l'origine de notre peuple étaient gardées par nos anciens et nos chamans. Nous allions nus et dansions de joie, nos corps peints comme les insectes pada de jaunes dessins obliques.

Notre mère la selva respirait la vie. Nous pouvions sentir sa respiration. La fumée de la paix se répandait parmi nos malocas. Notre existence suivait le cours de la vie de la forêt. Nous prenions à la selva juste le nécessaire pour vivre sans altérer quoi que ce fût. Là résidait le grand secret de la conservation, de la protection et de l'équilibre ; nos générations l'appliquaient pour le bien de l'environnement, observant et pratiquant les « normes écologiques indigènes », protégeant notre monde aquatique, respectant tous les êtres qui peuplent la selva, favorisant ainsi le développement des cycles vitaux de notre planète Terre. Il existait et il existe encore une merveilleuse compréhension entre notre mère la forêt et nous, les indigènes. Nous conversions avec les arbres comme avec nos propres frères, en tant que fils de la même selva. Nous marchions en foulant des milliers de tonnes d'or enfouies dans le sous-sol de nos territoires. L'or était un cadeau des dieux et ne provoquait pas les crimes et les pillages qui sont commis depuis cinq siècles par les envahisseurs. Pour les indigènes, l'or avait une valeur de symbole magico-religieux et il ne suscita jamais de violence entre nous. Quand je travaillais dans les mines d'or situées sur le fleuve Tapajos, affluent de l'Amazone (en Amazonie brésilienne), puis dans celles du fleuve Traira, à la frontière du Brésil et de la Colombie, j'ai pu voir la réaction des Blancs en présence de ce métal. Tous, sans exception, devenaient fous lorsqu'ils dégageaient les énormes pépites incrustées dans les racines des arbres mata-mata. Ils subissaient une métamorphose diabolique, cet or leur donnait des convulsions, ils gesticulaient sans arrêt, leurs mains tremblaient, leur nervosité était incontrôlable. Ou alors ils restaient muets, comme paralysés devant quelque chose de surnaturel ; possédés par des démons ambitieux, le poison de l'avarice et de l'avidité déchaînée commençait à produire son effet sur chacun d'eux. Ils couraient vers leurs chozas (baraques) et s'armaient de fusils, de pistolets, sous prétexte de se défendre, alors qu'en réalité c'était pour assassiner ceux qui avaient trouvé de bons terrains aurifères. Un de ces Blancs m'affirma :

– Indien, ne crois pas que l'or vienne des dieux de la selva. L'or qui est ici appartient au Diable !

Depuis ce jour, je me jurai de ne jamais montrer l'or des indigènes à aucun de ces Blancs fils de pute !

Mon enfance et ma jeunesse sont remplies d'images de vie en harmonie avec la selva. Mes souvenirs errent encore parmi les ruines que je vois aujourd'hui de mes propres yeux. Les territoires où j'allais récolter des noix et fruits sylvestres n'existent plus. Nos espaces spirituels et lieux sacrés ont été profanés et détruits. Le chemin de mon grand-père Chijj-Kaa-Ba a été effacé par les tracteurs et pelles mécaniques. Les salants, ces vallées marécageuses dont la boue salée est « sucée » par les animaux de la forêt et où j'allais chasser les tapirs, les cerfs et les pauxis, sont aujourd'hui couverts de pâturages pour bovins. Les lacs et les fleuves où j'avais l'habitude de pêcher en compagnie de ma mère sont à sec.

Il n'y a plus aucune trace d'animaux et peut-être, nous aussi, sommes-nous en train de laisser nos dernières empreintes sur le sol, car très bientôt l'homme blanc les effacera pour toujours sous le ciment et l'asphalte.

En 1903, Julio Cesar Arana, celui qui fonda la criminelle Maison Arana, pénétra pour la première fois dans notre territoire du fleuve Caqueta. Face à notre belle forêt vierge, il s'exclama : « Il y a ici des milliers d'arbres à caoutchouc ; à partir de maintenant tous ces arbres m'appartiennent… et tous ces Indiens sauvages seront mes esclaves… »

Et c'est ainsi que commença notre extermination. Obligés de travailler sous peine de faim, malades, torturés, nous étions abattus à coups de fusil et frappés à mort.

Julio Cesar Arana et les partenaires commerciaux de la Maison Arana furent ceux qui massacrèrent dans cette seule région plus de cent mille indigènes sud-américains appartenant à différentes tribus : les Mirañas, Boras, Wuitotos, Andoques, Ocainas, Muinanes, Nonuyas et Rosigaros. Tous ces peuples furent décimés et, aujourd'hui, seuls survivent quelques groupes d'individus – dont six cent soixante Miranãs – condamnés à l'abandon et à l'oubli. Ces tribus habitaient la région du fleuve Caqueta, au sud de l'Amazonie colombienne, d'autres vivaient sur les rives du fleuve Putumayo, mais la plupart étaient voisines. Aujourd'hui encore, nous pouvons voir, dans la région de *La Chorrera,* les ruines de cette époque barbare et cruelle, là où fonctionnait l'administration de la Société Arana ; ce sont les témoins muets d'une boucherie. C'est à *La Chorrera,* située sur la rive du fleuve Igaraparana, un affluent du Putumayu, que les missionnaires capucins espagnols établirent un internat pour indigènes. *El Encanto,* sur les rives du Caraparana, un autre affluent du Putumayu, était un des centres de tortures, où l'on violait les fillettes et les femmes, où la population indigène mourait de faim ou des maladies transmises délibérément par les assassins à la solde de la Maison Arana, maladies contre lesquelles les indigènes n'avaient aucune défense naturelle (grippe, hépatites, diarrhées, pneumonie, infections vénériennes) et qui les décimaient par centaines. Tous ces crimes contre l'humanité ne furent jamais punis par aucun tribunal national ou international. Aucun procès n'a jamais été intenté par une quelconque autorité contre les horreurs de la Maison Arana.

Après ces tueries, de nombreux indigènes furent emmenés comme esclaves dans différentes régions du Brésil et du Pérou. Comme beaucoup d'autres, ma mère prit la fuite à travers la forêt, horrifiée par la mort de ses parents, de ses frères et familiers, épouvantée à la vue de la maloca familiale incendiée, là où elle était née. Elle se lança alors à travers l'épaisse forêt dans une course désespérée pour la vie. C'est ainsi que commença la triste existence de ma mère ; orpheline, fugitive dans sa propre selva, torturée, expulsée, pourchassée pour le simple fait d'être une indigène.

C'est en souvenir de ma mère que j'entreprends cet humble récit, afin que personne n'oublie ces crimes impunis, car, enfant des survivants de la tuerie de la Maison Arana, je me sens le devoir et l'obligation de conserver la mémoire de mon peuple sacrifié.

Je livre également mon témoignage pour honorer la mémoire des centaines de milliers d'indigènes massacrés durant la fameuse époque de l'exploitation du caoutchouc : je dédie ces lignes aux Andoques, Ocainas, Boras, Wuitotos, Muinanes, Nonuyas, Rosigaros…

J'écris aussi pour dénoncer, face à l'opinion mondiale, toutes les injustices qui n'ont cessé jusqu'à nos jours d'attenter à la vie de nombreux indigènes d'Amazonie.

Itinéraire de Jikiti à travers l'Amazonie, de la Colombie au Brésil

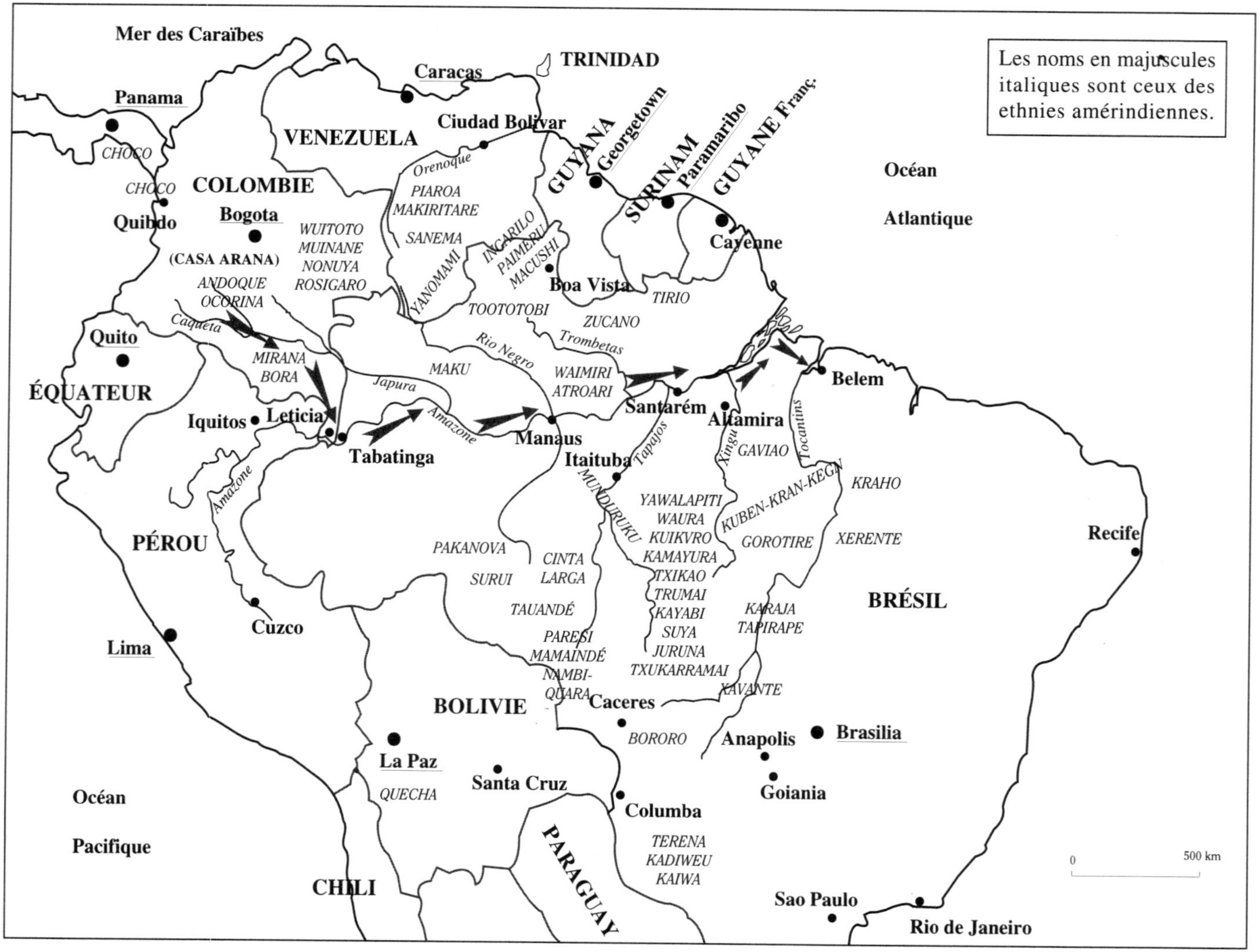

1

Mon enfance et mon adolescence

Récit de ma mère sur l'époque esclavagiste

L'odeur des fleurs suspendues, issues de plantes épiphytes, qui nous parvenait des profondeurs de la selva, annonçait l'été indien.

– Hummm ! hummm ! hummm ! Ahh ! Ahh ! Quelles odeurs délicieuses nous apporte le vent qui vient de la forêt !

– Maman ! Maman ! Où es-tu ? J'appelais ma mère du haut d'un arbre qui porte le fruit « umari ».

J'avais à peine sept étés. En Amazonie, les ans se comptent en étés, car il n'existe pas de saisons intermédiaires. J'étais très espiègle et j'aimais observer la selva depuis les hautes branches des arbres.

– Mon fils, pourquoi m'appelles-tu ? Ma mère s'approchait de l'umari car elle savait que c'était mon lieu favori.

– Maman, je t'appelle parce que je sens l'odeur des fruits du « surba » !

– Et comment le sais-tu ? Tu es encore bien jeune pour connaître le moment de la récolte du surba !

– Si, je le connais ! Du haut des branches j'ai senti le vent qui apporte toutes ces odeurs de fruits, de fleurs et de feuilles et, en ce moment, j'apprends à distinguer certains parfums des plantes et des arbres ! J'ai vu beaucoup de surbas tombés autour de notre parcelle et je sais aussi que papa va bientôt chasser des singes laineux.

Maman ne cessait de planter de la yuca, des bananiers, du cacao maraca, des ananas, des « lulos » au jus acide, des fruits de la passion, des ingas, des palmiers épineux, des palmiers « asai » et des palmiers « milpeso », des arbres à umari, des pouroumiers, des fruits du caïmitier, du cacao, des ignames, des patates douces, des Miijj-Ji-Yi, des arbres à calebasse dont les fruits ronds servaient à fabriquer des gourdes ou « totumas », des plats, des cuillères et des jarres pour transporter l'eau. Elle avait aussi planté de la nivrée, afin de pêcher dans les ruisseaux.

De nombreuses plantes donnant des fruits à pain étaient également employées pour soigner, car leur résine servait de cataplasme contre les inflammations des seins causées par des tumeurs malignes. Les lianes du yajé jouaient aussi un rôle médicinal, comme beaucoup d'autres plantes et arbres.

Quant à mon père, il était responsable du champ de coca, car selon les coutumes millénaires de nos ancêtres, seuls les hommes étaient autorisés à planter la coca. L'accès aux plantations, la récolte des feuilles et la cérémonie de la préparation de la poudre verte étaient en effet interdits aux femmes. L'arbuste était planté dans un champ spécialement choisi par le chef de la maloca.

Ainsi s'écoulait ma jeunesse. Parfois j'accompagnais mon père à la chasse, à la pêche à la nivrée, l'aidant à construire des pièges, apprenant l'usage de la sarbacane et la préparation du curare. Sinon je restais à la maloca, aux côtés de ma mère qui me montrait comment distinguer la yuca douce de l'amère, puis à râper et presser sa pâte pour en extraire l'amidon ; elle m'apprenait à préparer le « mao » ou « casabe », notre pain indigène. Elle m'enseignait la préparation de notre boisson traditionnelle, le « caaguin-nne », ou « cahuana » en espagnol : il faut cuire l'amidon de la yuca avec le jus de l'ananas et bien le mélanger avec le jus de la pulpe du palmier épineux, du palmier « canangucho », de l'umari, avec le vin du jus du fruit du palmier asai, le jus laiteux et huileux du fruit du palmier milpeso. Cette boisson, qu'on ne boit jamais fermentée, mais fraîche, était servie pendant les fêtes cérémonielles de la « danse du palmier épineux », de la « danse de la planche », et on l'offrait également à nos invités d'honneur. Nous avions planté le rocouyer « urucu » ou « achiote » pour en extraire la peinture rouge dont nous nous peignions le visage lors de nos cérémonies. Très jeune, je savais planter la yuca dans notre chacra ; je plaçais des dizaines de boutures dans les trous creusés avec une pioche en bois.

Je venais d'avoir sept ans quand nous reçûmes la visite de mon Grand-Père-Connaisseur Chijj-Kaa-Ba, ce qui signifie en miraña « Maître de la Selva ».

Mon Grand-Père-Connaisseur vivait très loin de notre maloca et il nous rendait visite dans des circonstances exceptionnelles car il voulait m'enseigner la médecine de la forêt et me transformer en un sorcier implacable contre les assassins de notre peuple, là-bas sur le fleuve Cahuinari. C'est lui qui rencontra ma mère au moment où elle fuyait le massacre de la Maison Arana. Ma mère le prit alors comme père adoptif et, depuis ce jour, l'épouse et la famille de mon Grand-Père-Connaisseur sont devenues la grand-mère et la famille adoptives de ma mère.

Ce soir-là, alors que mon Grand-Père-Connaisseur arrivait fatigué à notre maloca, ma mère se précipita vers lui et l'étreignit avec tendresse, répétant ce geste pour lui témoigner toute sa gratitude et tout son amour.

Mon père le serra également contre lui et lui dit qu'il irait chercher des feuilles de coca pour préparer ensemble la cérémonie de la coca en ma présence.

Il prit un grand panier et me demanda de l'accompagner pour arracher les feuilles mûres de la coca dans le champ proche de notre maloca.

Alors que nous étions en train de choisir les feuilles de coca, mon père m'annonça : « Mon fils, nous savons déjà pourquoi ton Grand-Père-Connaisseur est venu et je profite de ce moment où nous sommes seuls tous les deux, pour te dire que ta mère et moi allons te laisser entre ses mains pour que tu apprennes son savoir, la médecine de la selva, pour que tu deviennes un grand guerrier et que tu unisses tes frères dans ce territoire qui nous appartient. »

Cette nuit-là, je participai pour la première fois de ma vie aux chants, à l'histoire et au rituel sacré de la préparation de la poudre verte des feuilles de coca.

Ce fut quelque chose d'extraordinaire ! Quelle émotion d'entendre la voix fatiguée de mon grand-père Chijj-Kaa-Ba ! Il parlait avec une voix pleine d'orgueil pour notre peuple. Il me disait, sur un ton très solennel : mon fils, quand tu écouteras nos chants, notre histoire et quand tu verras nos danses, grave-les au plus profond de ton esprit, conserve-les au fond de ton cœur et de ton âme comme les biens les plus sacrés.

Tandis que nous dînions autour du feu, je pouvais observer son visage creusé de rides et ses yeux fatigués dont le mystérieux rouge produisait en moi une sorte de frayeur.

Plus tard, je demandai à ma mère pourquoi les yeux de mon grand-père étaient si rouges.

– Mon garçon, écoute-moi bien, répondit ma mère, ton Grand-Père-Connaisseur est un Sage, un médecin de la selva, il garde des secrets que beaucoup d'entre nous ne comprendront jamais, mais c'est aussi un sorcier qui pratique la magie noire, la magie qui domine les esprits de l'au-delà. C'est pour cela qu'il a les yeux rouges, car il se transforme en « Tigre » (jaguar), pour tuer les Blancs qui ont assassiné notre peuple, là-bas, dans le Cahuinari. Fils, tu ne dois jamais demander à ton Grand-Père-Connaisseur pourquoi ses yeux sont rouges comme du sang.

Après le dîner arrosé de caaguin-nne et composé d'une soupe d'alose, notre poisson favori, de piment fort, de cœurs de palmier, de singe laineux fumé, de fruits du palmier épineux à huile rouge et de fruits du surba, ma mère se retira dans son hamac pour nous laisser entre hommes.

Alors mon père, mon grand-père et moi, nous nous assîmes en cercle sur trois sièges faits de carapaces de tortues terrestres ou « morrocoy », nos meubles traditionnels.

Mon père avait allumé une « pierre » formée par la résine d'un arbre, la « caraña » noire, qui nous servait de combustible pour nous éclairer pendant la nuit.

Je me mis alors à préparer le feu lent et choisis des tessons de poterie ou budare pour griller les feuilles de coca. Ensuite, je remuais la coca avec mes mains pendant environ une heure, jusqu'à ce que mon grand-père décide que les feuilles pouvaient être broyées au pilon.

Mon père avait fabriqué deux pilons pour préparer la coca lorsque de grandes quantités étaient nécessaires pour partir à la chasse pendant plusieurs jours avec d'autres chasseurs venus des alentours. Ces pilons sont fabriqués dans un bois spécial au cœur rouge, dur comme l'acier, résistant à l'humidité, au temps et aux termites. C'est une essence fine et facile à polir. Nous nous en servions également pour confectionner nos armes de guerre, c'est-à-dire les « macanas », ces massues destinées à briser d'un seul coup la tête de nos ennemis.

Juste après avoir torréfié les feuilles de coca, je sélectionnai diverses grandes feuilles de Cetico puis commençai à les brûler jusqu'à obtenir suffisamment de cendre pour la mélanger ensuite à la poudre fine de coca.

Alors, mon Grand-Père-Connaisseur commença à s'adresser aux esprits, « maîtres des arbustes de la coca » ; j'ai retenu quelques phrases de ses chants et de sa prière compliquée, ainsi modulée :

Toi, Grand Esprit,
Maître de la coca,
Viens ici cette nuit,
Viens ici en cet instant même,

Maître de la coca,
Grand Esprit de la connaissance,
Les feuilles de coca t'appartiennent,
Ici nous t'offrons cette même feuille
Qui t'appartient,
Afin que tu mastiques avec nous.
Voici Jikiti, notre fils,
Demain, lui aussi te donnera sa part
En offrande,
Toi, le Maître de la Coca,
Souffle sur la tête de cet enfant,
Pour qu'ainsi il apprenne
Nos traditions et puisse vivre comme un véritable fils de la selva.
Demain, il laissera ta part
Là-bas, près de la racine de la coca.

Tandis que mon grand-père prononçait ses chants et prières, j'avais commencé à broyer au pilon les feuilles de coca grillées. Et le bruit émis par les coups de la longue massue était rythmé par les sauts que faisaient mon grand-père et mon père autour de moi. Des chants et des prières, on en vint à danser infatigablement jusqu'à ce que toutes les feuilles fussent réduites en poudre. Ensuite, mon grand-père m'ordonna de vider la poudre fine du récipient afin de la mélanger lentement à la cendre des feuilles grillées du Cetico. Quand tout fut bien mélangé, je tamisai le produit dans une calebasse jusqu'à en extraire une poudre extêmement fine. Enfin, j'avais appris la cérémonie de la feuille de coca. Pendant toute la durée de cette opération je n'avais pas prononcé un mot. Mon silence ajouté à l'enseignement de mon grand-père fut plus que suffisant pour me faire retenir ma première leçon.

A cette époque, je n'avais encore ni frères ni sœurs, ce qui permettait à mes parents de se consacrer totalement à mon éducation indigène.

Mon grand-père Chijj-Kaa-Ba resta vivre parmi nous un moment.

Parfois, je marchais avec ma mère vers un ruisseau traversant notre territoire ; nous l'avions nommé la Rivière du Caimo, qui donna également son nom à notre territoire, la Région Miraña du Caimo. Ma mère et moi avions l'habitude de pêcher ensemble avec de petites cannes fabriquées dans l'écorce d'arbres fins. Elle avait extrait les fibres des feuilles tendres du « Cumare-Chambira-Tucum », noms attribués par de nombreuses tribus au palmier dont les feuilles sont utilisées pour faire des fils de pêche, des chapeaux, des éventails, des colliers et des bracelets, des couronnes, des ornements pour les jambes lorsque nous dansions, des hamacs, des pièges et des filets pour la pêche, des sacs pour récolter les fruits et noix de la forêt... De plus, ce palmier donne un fruit comestible très riche en huile et vitamines. Aujourd'hui encore, cet arbre est un des palmiers les plus utiles pour la vie quotidienne des tribus amazoniennes. Au Brésil, on fabrique même des savons avec l'huile du fruit de ce palmier miraculeux.

De ces fibres dures et résistantes, ma mère avait tissé de fines cordes et nous avait taillé des « hameçons indigènes » pour pêcher l'alose, la petite alose, la « garopa » ou « palometa », les mulets, les bagres moyens et les piranhas noirs ou poissons « caraïbe », espèce qui abonde dans tous les fleuves et affluents de l'Amazone, les plus carnassiers et les plus terribles des prédateurs aquatiques. De leurs dents effilées jaillit une substance provoquant de fortes hémorragies, comme les dents des vampires.

– Jikiti, mon fils, viens ici, je vais te montrer quelque chose que tu ne devras jamais oublier.

Ma mère me prit par la main et m'emmena près de l'énorme tronc d'un arbre de quelque vingt mètres de haut, à l'écorce d'un blanc cendré, muni de branches aux petites feuilles et aux fruits couverts d'une coque épaisse et dure – chacun contenant quatre noyaux – qui, lorsque la chaleur de l'été arrivait, s'ouvraient en éclatant bruyamment, projetant leurs noyaux à plus de cinquante mètres.

Elle s'approcha de l'arbre en silence et sortit de son sac de cumare un drôle de couteau, fait avec une grosse feuille métallique de trente centimètres de long et d'environ cinq centimètres de large, au bout recourbé en crochet, au manche en bois goudronné.

Sans dire un mot, comme si elle allait procéder à un rite sacré, ma mère enfonça la pointe du couteau dans l'écorce de l'arbre et traça un long sillon vers le bas, puis elle fit rapidement la même incision de l'autre côté du tronc et réunit les deux entailles, ce qui donnait une forme triangulaire dont la pointe était dirigée vers les racines de l'arbre. De ces incisions profondes commença à s'écouler lentement une substance blanche que ma mère recueillit dans une calebasse.

A mesure que l'arbre se vidait abondamment de son sang, ma mère, jetant des cris et des sanglots qui sortaient du plus profond de son être, me parlait, le visage couvert de larmes, et ses mots n'étaient plus que gémissements causés par une souffrance insupportable.

Je me mis à la serrer contre moi et pleurai comme si sa propre douleur avait ouvert en moi des blessures cachées d'où sortaient un sang d'amertumes, de douloureux supplices, de viols, de fusillades dans des fosses communes, de morts causées par la faim, d'enfants et de femmes brûlés vifs, de frères, de sœurs et de parents assassinés, de longues files d'êtres squelettiques travaillant au rythme des coups de fouet des barons du caoutchouc... Ma mère revivait toutes ces scènes et elle me les transmettait en ces instants précis par ses plaintes douloureuses, ses yeux gonflés par trop de pleurs, par la désespérance et l'angoisse qui dépassaient les limites de l'humain.

Je me souviens encore de ces quelques mots :

– Mon fils, jamais je ne t'ai parlé de ces choses, je me suis tu pendant des années, attendant le jour où tu serais en âge de connaître ce qui s'est passé durant l'extermination de notre tribu par les patrons du caoutchouc de la Maison Arana. Ils assassinèrent mes parents, firent de moi une orpheline et me séparèrent de mes frères.

Le Grand-Père-Connaisseur Chijj-Kaa-Ba qui est venu nous rendre visite m'a sauvé la vie. C'est à lui que je dois mon humble existence et pour cela je l'aime comme mon propre père.

C'est lui qui m'a recueillie dans la selva : tandis que les hommes de la Maison Arana tuaient, pillaient et assassinaient ma famille, faisaient de nombreux prisonniers pour les emmener comme esclaves et incendiaient nos malocas, je réussis à m'enfuir, profitant de la confusion infernale de ces heures terribles et je me mis à courir, paniquée et horrifiée, sans but précis, marchant sur des épines, me faisant de nombreuses blessures, et, mon corps ainsi ensanglanté, je continuai ma course épuisante sans m'arrêter pendant trois ou quatre jours, en pleine selva.

Au bord d'un ruisseau dont j'ignore le nom, je trouvai un canot ; épuisée, morte de faim et la terreur toujours dans mon cœur, je m'allongeai au centre de la pirogue puis m'endormis.

Le lendemain, j'étais réveillée par les guêpes, les abeilles et les fourmis carnivores qui étaient en train de me dévorer vivante. Leurs morsures sur mes lèvres, mes doigts et mes oreilles me firent bondir de douleur.

Alors, je restais tranquille, épiant le moindre signe de vie humaine, mais tout n'était que silence, comme si la selva était morte.

Je restais dans l'attente et pleurais sans cesse, mes bras, mes jambes et la plante de mes pieds ensanglantés.

Je ne pouvais marcher, je buvais à peine un peu d'eau du ruisseau et j'avais atrocement faim.

Personne n'apparaissait dans les environs, pas même un chasseur ou quelque pêcheur de notre tribu.

Alors, me dis-je horrifiée, peut-être tous ceux de la tribu ont-ils été massacrés par les hommes singes, les barbus de la Maison Arana.

Le jour suivant, je me traînai au bord du ruisseau et arrachai les pousses et racines des plantes qui nous servent à faire cuire les champignons comestibles. J'en mangeai de grandes quantités pour reprendre des forces.

A peu près sept jours plus tard, vers deux heures de l'après-midi, d'après l'oblique des rayons du soleil sur les troncs des arbres, j'entendis comme un bruit de branches sèches et de feuilles écrasées par quelque animal. Je restai calme, retins ma respiration, cachée derrière un arbre aux grosses et hautes racines.

Soudain un homme apparut ; son buste, qui portait une longue entaille faite par une machette, saignait. Il arrivait lentement et paraissait épuisé. Lui aussi avait fui la tuerie.

Alors, je sortis derrière lui et lui criai :

– *Tío**, aide-moi !

En entendant mon cri, il se mit à courir comme s'il avait vu le diable ! Je le suivis en l'appelant dans notre langue miraña.

Alors, je le vis revenir sur ses pas. Il s'approcha de moi et me dit doucement :

– Fille, que fais-tu seule par ici ?

Je me sentais incapable d'articuler un son tant ma gorge était nouée.

Alors, il comprit que j'avais fui, comme lui, le même lieu d'horreurs.

Puis il attendit que je me calme, que j'arrête de tant pleurer et me dit :

– Petite, ne pleure pas, à partir de maintenant, c'est moi qui m'occuperai de toi.

– *Tío,* lui dis-je, comment t'appelles-tu ?

– Mon nom est « Maître de la Forêt », qui se prononce Chijj-Kaa-Ba en langue miraña. Et toi, mon enfant, comment t'appelles-tu ?

– Je m'appelle « Fille de la lumière », c'est-à-dire Kogwajj-O.

A cette époque, mon grand-père avait environ vingt-cinq ans et moi, j'avais le même âge que toi aujourd'hui, mon fils. Alors, ton grand-père

* Oncle, en espagnol : interpellation affectueuse n'ayant pas de rapport avec la parenté.

m'emmena loin de ce lieu et nous marchâmes pendant presque une semaine, jusqu'à rencontrer une famille Bora.

Ils nous reçurent et nous donnèrent à manger. Nous fûmes traités comme des frères et nous vécûmes dans l'attente d'autres survivants... Mais ils n'apparurent jamais.

C'est pourquoi, mon fils chéri, garde toujours en mémoire notre souffrance et comment aujourd'hui nous nous trouvons dispersés dans des régions que je ne connais pas.

Comme tu l'as vu, j'ai coupé cet arbre qui s'appelle « arbre qui pleure », car ses gouttes blanches sont comme des larmes qui coulent de nos yeux. Les hommes singes l'appellent caoutchouc ou « seringa ». C'est pour cette raison que cette horrible période est connue comme « l'époque du caoutchouc ».

Deux histoires divisent notre génération : avant la « saignée » de « l'arbre qui pleure », et après.

Maintenant que tu connais un peu notre tragédie, rentrons à notre maloca et écoute bien ton Grand-Père, car c'est lui qui t'a élu pour le remplacer après sa mort.

Tu seras un grand Médecin de la Selva, le Guerrier qui utilisera la flèche de la mort contre les assassins de notre peuple.

– Maman, pourquoi ces hommes singes t'ont-ils fait tant de mal ? Pourquoi ont-ils tué tes frères et tes parents ?

– Mon fils, les hommes singes appartiennent à une race cruelle et barbare. Ce sont les criminels les plus détestables qui existent. Certains jours, ils prenaient des hommes de notre tribu qui n'avaient pas extrait suffisamment de « lait » de ces arbres qui pleurent et ils leur attachaient les pieds et les mains, puis les frappaient avec des fouets en cuir, leur lacérant la peau du dos jusqu'à ce qu'ils meurent dans les pires souffrances.

D'autres fois, ils prenaient des hommes et en faisaient la cible de leurs fusils, leur tirant dessus sans pitié, en riant aux éclats.

Ils avaient inventé des instruments pour torturer les indigènes. L'un d'eux, appelé le « cep », maintenait des hommes et des femmes, cou et chevilles serrés dans des planches trouées qui les laissaient ainsi étendus sur le sol, les jambes écartées. Ils subissaient ces horribles cruautés pendant des jours ; les mouches venaient déposer leurs œufs dans leurs plaies et en peu de temps ils étaient dévorés vivants par les vers.

– Maman, c'est horrible ! Il faut retrouver ces hommes et les punir. Je dois les chercher et les châtier comme ils le méritent ! Je vais fabriquer beaucoup de sarbacanes, beaucoup de flèches empoisonnées au curare et au lait vénéneux des « grenouilles dorées » et j'irai à la recherche de ces méchants hommes et je les tuerai un par un, je couperai leur tête avec mon couteau en dents de piranhas et je donnerai leur cadavre aux Jaguars pour qu'ils les dévorent. Ainsi, je te vengerai et je vengerai les morts de notre peuple. Oui, maman, je passerai ma vie à rechercher ces hommes criminels et peu m'importe si je meurs en me battant contre eux.

Telles étaient mes pensées à l'âge de neuf ans.

Ma mère me répondit :

– Mon fils, je crois que certains de ces hommes sont morts, et si d'autres sont encore en vie, ils doivent être vieux, car tout cela s'est passé il y a plus de trente ans.

Ma mère et moi étions assis, plongés dans le silence de la forêt ; les feuilles des plantes étaient immobiles, aucun oiseau ne chantait ni ne volait, aucune brise ne soufflait... C'était comme si la selva et tous ces êtres étaient restés paralysés en « entendant » l'horrible histoire de ma mère.

Là, j'observais ma mère avec tendresse et amour.

Là, elle incarnait ces milliers d'orphelins, de veuves, de mutilés, de fugitifs et d'esclaves qui avaient vécu dans leur chair la dégradation humaine.

Là, je me trouvais aux côtés de l'être qui me donna la vie.

Là, je m'inclinai à ses pieds que je baignai de larmes d'amour et de gratitude.

Là, je jurai en silence de lutter pour sa mémoire.

Là, face aux larmes de « l'arbre qui pleure », je fis le serment indien, serment sacré de lutter afin de rassembler tous les survivants du Massacre de la Maison Arana de la terrible époque du caoutchouc. Avec les fils de tous ces rescapés, je me promis de former un commando pour rechercher ces criminels dispersés à travers le monde et les ramener prisonniers dans notre terre miraña afin de les faire pendre.

Après seulement, je pourrais mourir en paix.

Après seulement, je pourrais honorer la mémoire de ma mère.

Quelques semaines plus tard, mon Grand-Père-Connaisseur, Chijj-Kaa-Ba, réunit notre famille pour nous dire au revoir.

– Ma fille, commença-t-il lentement, je suis déjà très vieux, très fatigué, ma vie, notre vie, a été très dure. Mais nous sommes un peuple décidé à vivre, à résister malgré l'extermination qui nous a frappés voici longtemps ; je désire lutter jusqu'à mon dernier jour pour transmettre à chaque garçon, à chaque fille, à chaque jeune Miraña, la force et l'énergie de la vie. Nous devons toujours rester un peuple aimant la Liberté, la Générosité et la Paix. Mais l'expérience vécue dans notre propre chair m'a fait changer radicalement d'idée sur la liberté, la paix et la générosité. Aujourd'hui, je veux enseigner à nos enfants la Terrible Vengeance, la Haine et la Guerre contre tous ceux qui ont abusé cruellement de notre esprit pacifique, de notre ignorance, de notre condition d'indigènes sans défense, contre tous ceux qui nous ont expulsés de notre selva, qui nous ont enlevé nos territoires, qui ont assassiné sans pitié nos pères, nos mères et nos frères. A cause de tout cela, nous ne sommes plus que quelques Mirañas, fugitifs sur des terres étrangères, comme nous – toi, ton mari, votre petit et moi-même –, très loin de notre chère terre où nous sommes nés.

Mon Grand-Père-Connaisseur poursuivait son discours, s'adressant surtout à ma mère, les yeux toujours tournés vers elle et vers moi :

– Je suis content de toi, de ton mari et de mon petit-fils. Cet enfant prendra ma place. Il deviendra un Grand Médecin Miraña, mais il sera aussi un terrible Vengeur de notre peuple.

Sur ces mots, mon grand-père termina sa longue intervention sur mon avenir.

Il avait été décidé que, le jour suivant, je prendrais avec lui le chemin de sa maloca pour commencer ma vie d'initié.

Initiation par mon Grand-Père-Connaisseur

Quelque temps plus tard, j'étais installé dans la maloca de mon Grand-Père-Connaisseur. Je devais passer plusieurs années en sa compagnie.

Cette maloca était très originale. Grande, haute, spacieuse, solidement charpentée, avec une toiture recouverte de palmes de carana tressées, et si bien ventilée que la température restait toujours tiède. La lumière était également bien répartie.

La famille de mon Grand-Père-Connaisseur comprenait sa femme, Mwitsimi, ce qui signifie « Fruit du Caimo », et sa fille unique, Tikemiki ou « Parure de fibres de palme », plus âgée que moi et qui vit encore aujourd'hui.

En ce temps-là, nous utilisions toujours des « guayucos », pagnes en fibre de palmier cumare et les femmes allaient les seins nus.

Nous nous peignions le visage et le dos avec des teintures extraites d'écorces, de fruits, de graines, de racine et de jus de lianes. Très souvent, lorsque nous n'avions rien à nous mettre, nous allions complètement nus, mais notre nudité faisait partie de nos plus anciennes traditions et, dans notre monde, il n'y avait pas de place pour la honte.

Nous dormions dans des hamacs tissés dans du « cumare » et le rez-de-chaussée de la maloca était consacré aux diverses activités quotidiennes. Dans la cuisine, une réserve servait à entreposer les fruits, les tubercules, les noix et châtaignes, les amandes, bananes et ananas, un coin était utilisé pour ranger les armes et outils de chasse, dans un autre encore on râpait et on pressait la yuca pour en extraire l'amidon. Enfin, une sorte d'atelier était réservée à la fabrication des jarres, des marmites et des faitouts en terre ; cette terre, mélangée à la résine d'une écorce d'arbre, à de la cendre et à des fibres très fines, permettait de les modeler et d'assurer leur solidité.

Les grandes jarres de glaise rouge servaient à garder le caaguin-nne, notre boisson traditionnelle.

De divers paniers suspendus s'échappait l'odeur agréable du mao, notre pain indigène. On entreposait dans un coin d'énormes quantités de fibres de cumare, aux lianes dont on fait les paniers et tamis pour la pâte de yuca, la pulpe des fruits des palmiers ; d'autres lianes, plus grosses, étant destinées à la confection de nasses en forme d'entonnoir pour attraper des poissons dans les ruisseaux.

Dans une autre partie de la maloca, on gardait les instruments et objets pour nos danses et cérémonies : hochets, bracelets de cheville en écorce de noix, cannes pour les hommes, masques sculptés à l'effigie de nos personnages mythiques, avec des faces de bons et de mauvais esprits, des faces d'animaux et d'oiseaux, d'insectes et autres figures anthropomorphiques qui portaient des symboles.

La moitié du centre de la maloca était consacrée aux danses et cérémonies, à la préparation de la coca, à « l'apprentissage » et à l'écoute des histoires et contes quotidiens sur les parties de chasse, de pêche et autres occupations des hommes. Il y avait au moins neuf carapaces de tortues morrocoy en guise de tabourets, ainsi que des troncs taillés dans du cœur de bois poli qui servaient de chaises aux femmes et aux enfants.

Le premier étage comprenait deux grandes parties divisées en sections : la première, réservée aux hommes, avec la « chambre à coucher » du chef de la maloca et celle des garçons, une autre où dormaient les époux des filles, une partie pour les invités hommes et autres membres de la famille ; la seconde, pour le repos des femmes, fillettes et anciennes de la tribu.

Ce premier étage était construit en écorce de palmier « pona ».

Là-haut, juste au-dessus de la « chambre » du chef de la tribu, étaient jalousement gardées les substances médicinales, les substances magico-religieuses et les substances secrètes du médecin de la tribu, mon Grand-Père-Connaisseur, Chijj-Kaa-Ba. Lui seul pouvait y avoir accès.

Dans sa maloca, nous élevions une grande variété d'oiseaux. Les aras rouges, dits Iwa en miraña, occupaient une place importante dans notre cosmogonie, puisqu'ils représentent les divinités créatrices du commencement du monde. Il y avait des oiseaux très décoratifs au plumage abondant et multicolore – rouge, jaune, bleu-violet, blanc et vert – dont les plumes servaient à fabriquer des ornements éclatants pour les fêtes et les danses.

Les pauxis à la crête élégante leur donnant une allure de paon sylvestre, ont un bec rouge. Ce grand oiseau noir aux pattes trapues représentait « l'esprit du premier oiseau-indigène » qui « vola » le feu sous forme de charbon ardent et l'apporta dans son bec ; le feu de ceux qui vivaient « sur l'autre rive de la Terre », les Blancs.

Les oiseaux-trompette d'un noir aux reflets bleu métallique n'ont pas de queue : ce sont des oiseaux terrestres qui ne volent pas à cause de leurs ailes peu fournies. Mais cet oiseau, à première vue inoffensif, les indigènes l'élèvent dans leurs malocas, en guise de chien de garde. Quand toute la famille part à la pêche ou à la chasse pour plusieurs semaines, l'oiseau-trompette garde la maison et, si un étranger s'approche, il produit un bruit sonore avec son bec et sa gorge, déploie ses ailes munies d'éperons affilés et attaque les intrus. L'ironie est que les os de cet oiseau contiennent justement un poison mortel pour les chiens qui s'aventurent à les ronger.

Les perroquets verts « parleurs » de taille moyenne et les perruches à front jaune peuplaient aussi la maloca de mon grand-père, en compagnie des toucans au large et long bec dont les cris avertissent d'un danger.

De plus, nous élevions des pécaris, des « cerrillos » qui aidaient à défricher la terre pour les cultures. Nous avions aussi des tapirs sud-américains ainsi que des « tintines », petits rongeurs qui ressemblent à l'agouti. Enfin nous habitions avec des singes volants au pelage gris abondant, les « saki », et des singes laineux à l'épaisse fourrure, des petits singes « cebuella » à poils roux, les plus minuscules de leur espèce vivant dans la selva, et des singes « zogui-zogui » au pelage roux foncé.

Les indigènes élèvent des animaux dans leurs malocas afin de connaître les époques de renouvellement des plumes, ainsi que les périodes de rut et de reproduction de certaines espèces, reconnaissables à leur odeur et à leur comportement. Ils forment une sorte de mystérieux calendrier de la faune et de la flore et servent ainsi à domestiquer les animaux vitaux pour l'alimentation. Ils étaient également élevés pour leur signification « magico-religieuse ». De nombreux clans indigènes adoptent le nom d'un animal ou d'un végétal pour se désigner et les animaux font partie des « familles mythologiques » de notre complexe monde cosmique.

Les chants des oiseaux, les cris et sifflements des animaux annonçaient les changements de saisons, les pluies, les étés, les inondations, les mauvais et bons présages, l'abondance en aliments, mais seuls les indigènes pouvaient interpréter les sons de leurs animaux afin d'orienter leurs activités quotidiennes ainsi que leurs rites magico-religieux.

Dans la cour centrale de la maloca se trouvait une petite maison recouverte de feuilles de « carana », sans aucune paroi, car elle était destinée à protéger de la pluie les deux Maguare, tam-tam ou instruments de « communication à longue distance » taillés dans un bois spécial, selon la même méthode que celle employée pour fabriquer des canots : après avoir creusé un canal à feu lent à l'intérieur du tronc, les parois internes de l'instrument étaient polies jusqu'à obtenir la cavité voulue pour produire les « sons mâles » ou « les sons femelles ». Il y avait deux troncs à l'intérieur de la maloca : un gros pour représenter la première femme et un plus fin pour le premier homme apparus sur Terre. On frappait les deux troncs suspendus à une potence avec un bâton en gomme de caoutchouc, ce qui produisait des sons spéciaux qui se répercutaient sur des kilomètres à travers la selva. Ces sons étaient codifiés, à la manière d'un alphabet morse, pour communiquer des nouvelles aux tribus ou aux malocas éloignées. Sous le toit de cette maisonnette étaient également gardés les bois sculptés destinés à la « danse des masques en palmier épineux » et à la « danse de la planche ».

C'est ainsi que je passai les premiers mois, aux côtés de mon Grand-Père-Connaisseur, Chijj-Kaa-Ba, et de sa famille.

Il régnait une paix intérieure dans l'âme de chacun et je me risquai à penser que tous les animaux ont vraiment un esprit, une âme, comme nous, les humains. La tendresse dont témoignaient les oiseaux envers leurs petits, les délicates attentions des tapirs envers leurs nouveau-nés et les singes laineux sautant de branche en branche avec leur bébé sur le dos m'en donnaient la preuve.

Le parfum des fleurs du fruit de la passion, l'odeur des ananas mûrs et des fruits éclatés des palmiers épineux attiraient une infinité d'insectes, d'abeilles, de colibris au plumage lumineux ainsi que des milliers de papillons verts, bleus, jaunes, roses, dorés, turquoise, gris-blanc, colorant le « vert tableau » de la selva. Toutes ces couleurs se fondaient en une danse hallucinante de papillons, comme des reflets magiques qui voltigeaient en un cortège infini vers les cieux, formant un arc-en-ciel immense par où montaient et descendaient de minuscules anges venus de cimes inconnues.

Je m'étais fait tout petit en observant cette beauté magique de la selva, j'appartenais à ce même concert mélodieux de la vie, et cette musique qui perçait à travers les feuilles du vert manteau de la selva, qui jaillissait du murmure des eaux, de la brise secouant les palmiers, de la conversation intermittente des grillons, des croassements des grenouilles arboricoles, des chœurs des singes « goitreux », des discussions entre aras, du cri d'alerte des toucans, cette musique était l'Hymne sacré de la Vie, de ce « monde à part ».

C'est alors que l'époque de la cueillette des fruits du palmier épineux arriva. Tout n'était que joie. Les femmes préparaient leurs vanneries et leurs grandes marmites en terre. Elles tressaient de nouveaux paniers dans des lianes fraîches. Mon grand-père me dit alors :

– Petit, viens avec moi chercher du bois de feu.

– Avec grand plaisir, grand-père, lui répondis-je plein de joie !

Afin de préparer la cérémonie de la « danse du palmier épineux », il fallait réunir une quantité suffisante de bois, de viande fumée de tapir, pécari, singe, cerf, agouti, paca, pauxi, perdrix, dinde, de cuisses de grenouilles géantes, ainsi que des paniers et sacs en feuilles de palmier milpeso, beaucoup de poisson fumé, des noix, des châtaignes, des amandes, des ananas, du caimo, des fruits de l'inga, des raisins de forêt, des fruits de Mijj-Ji-Yi, du manioc doux, des ignames, des patates douces, des cœurs de palmier, du caaguin-nne ou cahuana, du bouillon de yuca, du piment fort et, bien sûr, suffisamment de fruits de palmier épineux cuit. La coca et l'« ambil », sel végétal mêlé à du tabac, nous les préparions mon grand-père et moi.

Nos parents et invités venaient nombreux et il nous fallait beaucoup à boire et à manger. Le travail était dur et fatigant. Mais l'idée de nous rappeler et revivre nos traditions nous encourageaient.

Mes parents allaient bientôt arriver pour aider à préparer la grande fête offerte par mon Grand-Père-Connaisseur.

En deux semaines, nous avions réuni la moitié du bois nécessaire. Avec la femme et la fille de mon grand-père, nous avions cueilli les ananas et autres fruits au menu. La moitié des pousses ou racines du palmier épineux avait été triée.

Mes parents arrivèrent avec deux chiens de chasse. Ma mère fut contente de me voir plus fort et elle perçut en moi toute l'expérience acquise auprès de mon grand-père. Mon père me serra dans ses bras et me dit :

– Mon cher fils, je lis dans tes yeux beaucoup de joie et une lueur nouvelle qui reflète le profond changement survenu dans ta vie d'homme. Je vois que ton grand-père te traite avec amour. Bientôt, tu seras un homme courageux, un grand médecin de la selva, un bon chasseur et tu construiras ta propre maloca, tu planteras ta propre parcelle et tu auras aussi ton propre champ de coca. Obéis à ton grand-père, tu es à un âge où tout est plus facile à apprendre et pratiquer avec équilibre.

A présent nous étions trois hommes et nous décidâmes de partir à la chasse.

C'était la première fois que j'accompagnais mon grand-père et mon père à une vraie partie de chasse.

Nous avons préparé nos sarbacanes, nos dards empoisonnés au curare, nos lances en écorce de pona, nos machettes et couteaux.

Avant de partir, nous avons attaché une ficelle de cumare à notre taille et nous y avons accroché le prépuce de notre pénis, comme nous en avions l'habitude lorsque nous allions chasser. Le fait de maintenir notre sexe ainsi relevé facilitait nos mouvements et évitait les blessures ou les piqûres d'insectes sur le gland.

Nous nous sommes enduit le corps d'un jus de lianes pour éviter d'être trahis par notre odeur, repérable des animaux. Nous nous sommes peint le visage, le dos et les membres, nous camouflant comme des insectes invisibles…

Les femmes nous avaient préparé une bonne quantité de mao, sorte de pain de manioc, et de la farine de poisson pour environ dix jours.

Ma mère, la fille et la femme de mon Grand-Père-Connaisseur resteraient à la maloca pour préparer des tartes de mao en attendant notre retour.

Avant de pénétrer dans la forêt vierge, mon grand-père s'éloigna seul en direction d'un espace spirituel appartenant à ce lieu. Il y fit ses offrandes de coca, d'ambil, de pain et de caaguin-nne afin de recevoir la bénédiction des esprits maîtres des animaux.

Nous marchions pieds nus, mais nous savions éviter les épines et les feuilles pouvant provoquer des inflammations. Mon grand-père annonça du beau temps après avoir entendu le cri d'un oiseau « chikua » :

– Humm ! Humm ! Humm ! lui répondit mon grand-père ! Merci, Grand Esprit des Animaux !

– Fils, me dit-il, nous allons sûrement faire une bonne chasse ! La « chikua » nous a répondu ! Nous devons arriver aujourd'hui au grand salant, près des palmiers Cananguchos !

Nous avions traversé une selva dense et compacte, et rencontré beaucoup de cerfs mais mon grand-père me dit que nous ne les chasserions qu'à notre retour car nous devions d'abord tuer les tapirs du salant.

– Fils, nous pouvons choisir quel type d'animal chasser, notre Terre est peuplée de nombreuses espèces mais nous devons savoir reconnaître les femelles pleines ou qui sont accompagnées de leurs petits. Ces animaux, nous ne devons pas les chasser, mais attendre quelques années, le temps qu'ils se soient reproduits en nombre suffisant.

Nous poursuivîmes notre chemin. Nous traversions les rivières en passant sur des ponts d'arbres tombés ou à la nage. Pour faire passer nos paniers et bagages sur l'autre rive, nous utilisions de grosses lianes que nous tendions de chaque côté du fleuve.

Après deux jours de marche, nous arrivâmes dans une espèce de marais, le Grand Salant. Des centaines de tourterelles sylvestres consommaient cette boue salée, ainsi que des dindes, des pauxis, des perdrix, des cébus, singes mangeurs de maïs, de petits tatous et des tatous géants qui, avec leur carapace protectrice, paraissaient les cousins des stégosaures préhistoriques. De jour comme de nuit, tous ces animaux et bien d'autres venaient boire ou aspirer le sel dans ce marais.

Alors, nous avons choisi un tronc épais tombé au bord du Grand Salant. Nous sommes montés dessus et avons attendu en silence l'arrivée des tapirs. Les arbres géants laissaient filtrer de minces rais de soleil dans la pénombre.

Une heure d'attente fut suffisante. Nous entendions dans le lointain le trot puissant et désordonné des tapirs. Ils arrivaient par couples. Certaines femelles étaient accompagnées de leurs petits ; je savais que je devais les épargner.

Nous nous sommes séparés : mon grand-père se mit face à l'entrée du passage des tapirs, mon père s'éloigna d'une centaine de mètres et j'en fis autant. Nous avions préparé les dards les plus longs, aux pointes enduites d'une épaisse couche de curare. Ces énormes quadrupèdes mettaient du temps à mourir et il nous fallait cinq dards pour les abattre. Mon grand-père m'avait appris à viser ces animaux dans les parties les plus fragiles, c'est-à-dire leur trompe allongée et leurs testicules. Trois flèches dans la trompe et deux flèches ou dards dans les testicules devaient suffire à les faire tomber cent mètres plus loin. Comme nous n'étions que trois, et en tenant compte de mes douze ans, nous ne pouvions guère abattre plus de deux tapirs car chacun pesait quelque cent cinquante kilos.

Les tapirs avaient tracé des chemins spéciaux : à force de piétiner la terre avec leurs sabots, d'étroits sentiers descendant jusqu'au salant s'étaient formés.

Les quatre premiers tapirs arrivèrent puis s'arrêtèrent au bord du chemin du salant et étendirent leur longue trompe pour flairer un possible danger. Ne sentant rien, ils poursuivirent leur chemin, descendant lentement et produisant des clapotis avec leurs pattes s'enfonçant dans la boue. Comme mon grand-père, nous restions tous les deux figés, nos bouches collées à l'ouverture de la sarbacane, prêts à recevoir son signal pour tirer les dards.

C'est alors que surgirent plus de cinq tapirs corpulents : au total nous comptâmes quatre mâles et cinq femelles sans petits.

Aussitôt, mon grand-père lança un cri imitant le chant de la perdrix « yotoro ».

Tous ensemble, nous nous mîmes à tirer nos dards. Mon grand-père se chargea à lui seul d'un tapir, tandis mon père et moi visions le même animal. Les tapirs lancèrent un sifflement d'alarme et prirent la fuite à toute allure vers la dense selva. Nous aussi, nous courions à leur poursuite, repérant leurs empreintes d'animaux blessés.

Le premier à assurer sa proie fut mon grand-père. Alors, il nous appela en frappant les renflements des racines des arbres. Nous lui répondîmes de la même manière, signalant ainsi notre position.

Après nous avoir rejoints, il nous demanda :

– Fils, que se passe-t-il ? Vous n'avez pas encore trouvé l'animal ?

– Non, grand-père, nous avons perdu sa trace. Il a disparu derrière cette colline.

Nous poursuivîmes la recherche tous les trois. Deux heures plus tard, mon grand-père s'écria :

– Il est ici, il est ici, venez vite !

Il l'avait trouvé fourré au milieu des racines épineuses du palmier « pona zancuda ». Aidés de nos machettes, nous avons dégagé l'animal puis nous lui avons attaché les pattes avec des lianes et l'avons traîné jusqu'au bord du ruisseau.

Ensuite, nous sommes partis à la recherche du tapir abattu par mon grand-père et l'avons ramené au même endroit.

C'étaient deux énormes tapirs mâles. Nous avons commencé par leur enlever la peau que nous avons soigneusement mise de côté, puis nous leur avons ôté les intestins, coupé la tête et les sabots pour pouvoir les emporter.

Dans le ruisseau, les voraces caïmans noirs, longs de cinq mètres, firent leur apparition, montrant leurs grandes dents pointues. Rejoints par les loutres et les piranhas, ils firent un festin sanglant avec les tripes et les carcasses des animaux que nous avions jetés à l'eau.

Il nous restait les pattes, les côtes, le tronc, la peau et les sabots. Nous avons alors allumé un feu pour les fumer. La viande ainsi séchée devient plus légère et se conserve mieux. Nous avions assez de sel.

Ensuite, chacun se mit à tresser des sacs en feuilles de palmier milpeso pour transporter une partie du chargement.

Pendant la nuit, nous gardâmes notre chasse à tour de rôle car de nombreux jaguars et ocelots avaient sûrement senti l'odeur de la chair transportée par la fumée. Le lendemain matin, nous prîmes le chemin du retour.

Mon grand-père était content et me félicita pour mon adresse à manier la sarbacane. Mon père lui dit :

– Grand-père, Jikiti est un bon chasseur, il a tiré plus de dards que moi.

– C'est bien, bientôt tu apprendras à chasser tout seul.

Quatre semaines après l'arrivée de mes parents à la maloca de mon grand-père, tout était prêt pour célèbrer la danse du chontaduro. Il y avait une grande quantité de viande, du poisson fumé, du pain de manioc, des fruits, de la cahuana, du miel, de la « chicha », une boisson fermentée de chontaduro, du piment, de la « chonta ».

Mon grand-père m'appela et me dit :

– Petit, comme tu es dans une période d'apprentissage, c'est à toi de battre le Maguaré et d'appeler tous nos parents et invités.

Mon grand-père avait consacré beaucoup de temps à m'apprendre comment frapper les deux troncs évidés du maguaré qui produisaient des sons différents : certains étaient des appels, des invitations aux danses et cérémonies, d'autres servaient à prévenir de l'arrivée de parents, d'autres encore étaient destinés à partager une bonne chasse, une bonne pêche ou une bonne cueillette de fruits... Ici, il s'agissait des rythmes de fête pour la danse du chontaduro. Je commençai à produire un son lent et ininterrompu, avec des coups parfois plus forts et d'autres copiés sur les airs de la danse du chontaduro. Pendant une semaine j'envoyai les mêmes messages d'invitation à coups de bâtons de caoutchouc spécialement conçus pour frapper le maguaré. Alors, nos parents et invités arrivèrent peu à peu. La maloca de mon grand-père s'emplissait de monde ; tous étaient gais, et comme le veut la coutume indigène, certains lançaient des cris dont l'écho se répercutait au loin dans la selva et s'amusaient à imiter les bruits animaux, les chants des oiseaux et des esprits de la forêt.

En ce temps-là, nous étions quelque vingt-cinq fugitifs Mirañas échappés du massacre de la Maison Arana qui s'étaient mêlés aux Wuitotos, Muinanes, Boras et Ocainas, ce qui explique l'existence de couples mixtes : des hommes mirañas avaient des femmes wuitotos et certaines femmes mirañas s'étaient mariées avec des Muinanes. La dispersion de notre peuple et de bien d'autres tribus a rendu possible le rapprochement entre les fugitifs de cette terrible époque. Les différences furent oubliées, ainsi que les vengeances entre tribus, et l'on commença à utiliser un langage « métissé », comme, par exemple dans mon cas : je savais parler un peu de wuitoto grâce à la fréquentation de deux voisins auxquels je rendais souvent visite pour échanger des aliments, évoquer notre fuite et nous souvenir de nos parents tués par les barons du caoutchouc dans la région du Caqueta. Le fleuve Caqueta, affluent de l'Amazone, naît en Colombie et débouche au Brésil où il reçoit le nom de Japura. Aujourd'hui, sur son embouchure vivent quelques indigènes mirañas fils d'esclaves et survivants mirañas enlevés de Colombie pour récolter le caoutchouc qui était vendu dans la ville de Manaus, en Amazonie brésilienne.

Nous étions donc unis par des faits historiques et par notre désir de continuer à vivre.

Parmi les invités des Muinanes, il y avait un vieux très sympathique que nous appelions *Tío* Watinn-Na, un mot désignant une danse wuitoto connue des Mirañas. Ce vieil homme était devenu mon *tío* préféré chez les Muinanes. Il était très gai, me communiquait sa joie de vivre et partageait avec plaisir ses connaissances avec moi. Il me transmettait le véritable sens de l'unité indigène.

Lorsqu'il arriva, je courus le serrer dans mes bras comme pour mon Grand-Père-Connaisseur.

– *Tío* Watinn-na ! m'écriai-je, quelle joie de te voir parmi nous ! J'espère que tu nous feras beaucoup de blagues pendant la fête ! Nous avons besoin de ta gaieté ! Ce sera une danse spéciale car mon grand-père Chijj-Kaa-Ba va me présenter toute la tribu ainsi que nos parents et autres invités ! Quel bonheur de danser ensemble, *Tío* Watinn-na !

– Tu as bien grandi, me dit *Tío* Watinn-na. Je crois que ton grand-père t'a appris beaucoup de choses, ces dernières années. Bientôt, tu apprendras à manier toutes nos armes. J'aimerais seulement que tu viennes visiter notre maloca car je veux te montrer les chemins de la paix, de la générosité et de la réflexion vis-à-vis de la Terre Sacrée qui nous a accueillis comme ses fils.

Je gardai le silence, écoutant les paroles de mon *Tío* Watinn-na.

Puis je me mis à courir vers le maguaré et commençai à jouer frénétiquement pour annoncer le début de notre cérémonie.

Chacun de nous s'était vêtu de pagnes en fibre rouge de « matamata », arbre à l'écorce épaisse et fibreuse. Nous nous étions peint le visage de lignes horizontales entrecroisées qui formaient des angles rouges et noirs. Les plus âgés portaient des chevillères à clochettes faites de noix, des colliers en dents de jaguar, des couronnes de plumes d'aras rouges et des bracelets de plumes de perroquets verts. Seuls les chefs, les chamans et les anciens avaient le droit de porter ces ornements. Ainsi, mon grand-père était le seul à posséder un bâton de commandement avec un hochet qui lui servait à marquer le rythme de la danse.

Les femmes utilisaient les mêmes peintures sur le visage et sur tout le corps. Leur dos était également décoré de bandes jaunes imitant un grand insecte qui abonde dans notre forêt.

Au centre de la maloca de mon grand-père, on entendit alors la voix rauque du vénérable vieillard :

– Écoutez-moi tous ! Aujourd'hui, nous commençons à célébrer notre bal du chontaduro, cette danse qui nous rappelle notre lien avec notre passé, notre présent et notre futur. A travers notre danse, notre chant cérémoniel et les murmures de notre cœur nous montrons notre gratitude à notre mère la forêt, nous perpétuons nos croyances les plus sacrées et les esprits de nos proches se joignent à nous. C'est pourquoi, bien que cette fête soit une fête miraña, je veux que tous nos invités nous accompagnent comme des frères du même sang. Je veux que nous nous étreignions comme des frères, je veux que nous fassions un pacte d'unité entre toutes les tribus massacrées par les exploiteurs du caoutchouc de la Maison Arana. Nous ne devons pas oublier nos proches qui sont morts pendant cette terrible époque, là-bas, près du fleuve Caqueta. Je veux que nous nous souvenions toujours qui nous sommes et pourquoi nous sommes ici, loin de la terre où nous sommes nés. Je veux que chacun de nous chante sa douleur et sa tristesse dans sa propre langue, à sa propre façon, en toute liberté. Je veux que vous dansiez avec allégresse, que vous mangiez ensemble, que vous buviez ensemble et que vous restiez serrés en chantant pour la vie de nos fils, pour les enfants qui nous accompagnent, pour nos femmes et pour nos filles.

Il régnait un silence sacré ; mon grand-père faisait un effort pour parler – vu son grand âge – mais il était fier et il poursuivit son discours d'un ton ferme et convaincant :

– Je veux vous présenter mon petit-fils Jikiti. Cet enfant, je l'ai traité comme mon propre fils afin qu'il me succède. Cela fait cinq ans qu'il vit ici, avec moi, et durant tout ce temps il a reçu mon enseignement. Maintenant, il sait et a très bien compris comment vit un indigène dans la selva avec sa famille, il peut extraire des remèdes d'une infinité de plantes, de racines, de fruits, de feuilles, d'insectes, d'écorces, il sait utiliser le courant des eaux, la poudre des os de certains animaux ; il deviendra un médecin-connaisseur et gardera en mémoire l'histoire de notre peuple et, plus tard, il continuera à l'enseigner, à la transmettre à ses propres enfants. Je l'ai également choisi pour qu'il devienne le guerrier indigène qui rassemblera nos fils pour venger notre peuple sacrifié. Jikiti maniera la flèche de la mort. Il utilisera le poison de la terrible vengeance, il sera implacable avec ceux qui exterminèrent notre peuple. Après l'humiliation, l'esclavage et la torture, nous devons passer à un nouveau type de résistance. Jikiti se chargera de réunir tous les hommes et femmes qui sont disposés à mourir en tuant. Des hommes et des femmes qui tueront pour vivre, pour qu'il n'y ait plus jamais d'extermination.

A la fin de son discours, les gens se mirent à crier comme des fous. Tous se mirent à danser autour du feu au milieu de la maloca. Mon grand-père faisait des sauts en tête de la file des hommes, les femmes nous suivant dans une autre file et, lorsque les hommes chantaient un couplet, les femmes répondaient, mais celui qui chantait les strophes les plus importantes était mon grand-père. Il faisait sonner son bâton de chef à hochets ainsi que ses chevillères à clochettes qui marquaient un rythme régulier durant la danse.

Le premier indigène à sortir du rang pour chanter les paroles d'invitation avant d'offrir le caaguin-nne cérémoniel, s'appelait « Arbre au bois de sang ». Il commença ainsi son chant :

Plus tard je m'en irai
par les mêmes chemins
que mes frères.
Jamais plus je ne reviendrai
jamais plus je ne reviendrai.

Aïe, aïe, aïe ! Quelle tristesse,
Jamais plus je ne reviendrai
là-bas ils ont tué mes frères
ils les ont tous tués
Qui sait ce qui plus tard va arriver ?
Je suis ici avec vous
maintenant j'ai le plaisir de vous revoir
recevez de mes mains le caaguinn-ne
ma calebasse est bien remplie
ma calebasse est bien remplie,
les jarres sont pleines,
les jarres sont pleines,
notre boisson miraña
nous la partageons tous,
frères wuitotos, frères boras,
frères muinanes
Quelle tristesse
de me souvenir que je suis le dernier
le dernier à courir à travers la forêt.

Ainsi, en offrant la boisson à tous les assistants il évoquait en même temps le passé dans la région du fleuve Caqueta.

Tous lançaient leurs flèches vers un lieu précis de la maloca, criant comme des fous, de tristesse, de rage et de joie.

Après avoir bu la boisson cérémonielle, nous passâmes au repas.

Les femmes chantaient en chœur :

Ce sont tous nos fils,
tous sont nos fils du Cahuinari.
Ils sont ici,
d'autres, non.
tous sont nos fils du Cahuinari.
Matsitsi, matsitsi, masitsitsitsi ! (salut miraña).

Puis elles se levaient et offraient de la viande fumée, du palmier épineux cuit, du cœur de ce même arbre, du poisson fumé, du pain de manioc, du piment fort, de la « chicha », du bouillon de yuca douce, de la farine de poisson, des ananas, du miel. La nourriture et la boisson étaient abondantes. Tous mangeaient avec appétit et entonnaient des chansons sur différentes tonalités. La nuit, les femmes formaient des groupes séparés avec leurs enfants et les hommes attendaient que tous soient endormis pour entamer l'offrande de la poudre verte de coca et de l'ambil. C'était un moment où le silence de la selva et l'obscurité favorisaient la communication avec les « esprits des animaux », avec les esprits de l'eau, du vent, des éclairs et du tonnerre, avec les esprits de nombreux sorciers, avec les esprits de l'au-delà. C'était un acte de transformation nocturne. Un profond voyage à l'intérieur de la cosmovision indigène. Un chemin proprement chamanique.

Cette fête du palmier épineux s'étalait souvent sur quatre à cinq jours de danses, d'histoires, de contes, de repas. Les liens familiaux étaient renforcés et notre langue, comme celles des autres participants, retrouvait une nouvelle vigueur. Nous jouissions d'une paix, d'une tranquillité bienfaitrice, mais nous ne savions pas jusqu'à quand... L'ombre de la terreur blanche nous guettait de loin.

Le dernier jour, maman, la femme de mon grand-père et leur fille enveloppaient dans des feuilles de bananiers de la viande et du poisson fumés, du pain de manioc, du miel et les offraient aux invitées pour qu'elles les emportent dans leur maloca. Nous échangions avec les Wuitotos de la coca et de l'ambil contre des machettes. Mais ce n'étaient plus des haches de pierre, comme autrefois : elles étaient en acier.

Quant à moi, j'avais fabriqué une jarre de terre rouge et je l'avais cuite à feu lent pour l'offrir à mon *tio* Watinn-na. Ici, je dois expliquer pourquoi j'appelle *tío* un homme plus âgé étranger à ma famille et appartenant à une autre tribu. C'est notre façon à nous, les indigènes, de classer les âges. Ainsi, lors d'un échange avec une personne majeure, nous nommons celle-ci *tio* ou *tia* [oncle, tante] sans distinction ethnique, par respect pour leur âge. Les jeunes entre eux s'appellent *primo* ou *prima* [cousin, cousine] et, lorsqu'ils s'adressent à une personne beaucoup plus âgée, ils disent *abuelo, abuela* [grand-père, grand-mère]. Donc il n'est pas étrange qu'un Muinane m'appelle « cousin Jikiti » et que j'en fasse de même quand je m'adresse à lui.

Mon *tío* Watinn-na fut très content de recevoir mon cadeau et il me confia en secret :

– Mon fils, nous avons tous entendu ton Grand-Père-Connaisseur Chijj-Kaa-Ba et nous savons tous au fond de nous qu'il va mourir très bientôt. Il est très vieux, fatigué de la vie, mais il conserve encore une sacrée résistance et il refuse de se reposer, travaillant encore. Quand il ne sera plus à tes côtés, tu peux venir t'installer dans ma maloca pour continuer ta vie de médecin ; moi aussi je consacrerai une grand partie de mon temps à te transmettre mes connaissances. Ce sera le plus beau cadeau que je puisse te faire.

Deux semaines plus tard, mes parents prenaient le chemin du retour vers notre maloca.

Mon grand-père, après un long repos réparateur, poursuivit mon éducation.

Un jour, alors que nous achevions la préparation de la substance du yajé, il m'annonça :

– Mon fils, je vais te conduire à un lieu sacré de la selva afin que tu boives le yajé. Ainsi, tu apprendras à connaître le monde des visions intérieures. Le monde vers lequel tu voyageras avec l'esprit. Là-bas, tu rencontreras d'autres êtres et tu verras d'autres images plus merveilleuses qui te parleront un langage différent. Tu auras une nouvelle peau, un nouveau cœur, un nouvel esprit, une autre pensée. Ta vie prendra une autre direction et deviendra impalpable, tu vivras dans un autre état de contemplation et tes offrandes et sacrifices seront encore plus vrais. Tu t'élèveras vers d'autres cieux et tu verras passer beaucoup de signes dans les hauteurs lumineuses. Tu descendras vers les profonds abîmes de la connaissance et tu garderas le secret de ton ascension vers la lumière, le Grand Esprit de la Lumière et du Savoir. Tu absorberas aussi notre breuvage sacré pour apprendre à lutter avec ton esprit au lieu de te battre avec la faible force matérielle de tes bras. Tu rencontreras les Démons et les Esprits des ténèbres et, si tu le désires, tu pourras rester à leurs côtés. Tu pourras choisir entre la guerre et la paix. Tu pourras être puissant, mais tu vivras enchaîné pour toujours, comme moi. C'est pour cette raison que je t'ai élu. Je t'ai fait manger le cœur chaud du jaguar, je t'ai fait manger le bout de la queue du serpent venimeux « jergon » et j'ai peint ton visage avec du sang chaud. Mais je ne peux t'obliger à rien. Ton choix t'appartient. Moi, je t'indique simplement les chemins. Mais tu ne pourras plus revenir sur tes pas. Il n'y aura pas de retour possible. La décision est une et définitive. La voie que tu auras choisie t'amènera à découvrir les vœux de ton esprit et de ton cœur. Tu ne peux penser avec ton cœur ni aimer avec ton esprit. Tu dois penser avec ton esprit et tu dois aimer ou haïr avec ton cœur.

Ainsi, mon fils, nous allons marcher ensemble pendant deux jours avant d'arriver sur le lieu de cette cérémonie. Durant ces deux jours tu as le temps de réfléchir et de décider de ton destin. A partir de maintenant, tu as une grande responsabilité vis-à-vis de toi-même, vis-à-vis de nous, vis-à-vis du passé, du présent et de l'avenir de notre peuple.

Je restais silencieux. C'était un silence infini. Je regardais et observais l'horizon de mon âme. Je savais que je me trouvais devant un grand sage et un sorcier de pouvoir. J'étais comme de la boue rouge entre ses mains. Il pouvait me modeler comme il le voulait. Mais il me donnait la chance extraordinaire du choix. J'avais donc découvert le trésor magique. Il ne m'obligeait pas à suivre ses pas, il étendait simplement ses mains puissantes m'indiquant les cimes lumineuses et les profonds abîmes de son grand savoir.

Une heure plus tard nous pénétrions en silence dans la forêt. Durant plusieurs jours il m'avait donné très peu à manger. Je buvais seulement du caaguin-nne « béni » de lui et mangeais de la soupe de perdrix sans sel ni piment. J'avais fait une espèce d'exercice guerrier ; mon corps et mon esprit se trouvaient dans un état quasi parfait d'équilibre et d'harmonie. Cinq ans de pratiques strictes et disciplinées m'avaient mis aux ordres de mon grand-père. Le moment crucial de prendre ma responsabilité était arrivé.

Quand il se mit à faire sombre, nous décidâmes de grimper en haut d'un arbre aux branches entrelacées. Là, nous coupâmes quelques branches et fîmes une sorte d'abri pour passer la nuit. Mon grand-père mâchait de la poudre verte de coca, il léchait son ambil et j'en faisais autant. Nous ne dormions pas et ne sentions ni la faim ni le froid. Tout, devant nous, paraissait merveilleux. Nous descendîmes de notre maison arboricole et poursuivîmes notre marche.

Il était bien tard lorsque nous arrivâmes à l'endroit sacré de mon grand-père. Devant mes yeux apparut une forêt dense d'énormes arbres d'environ six mètres de diamètre et quatre-vingts mètres de haut. C'étaient des arbres centenaires, aux larges et saillantes racines qui mesuraient chacune près de cinq mètres de hauteur. A l'orée de la forêt s'étalait un lac profond aux eaux noires. Le vent produisait de petites vagues et je pouvais voir de nombreux boas et tortues sur la rive. C'étaient des boas Anacondas de dix à douze mètres de long, aussi gros qu'un tonneau. Tout formait un mystère hallucinant.

Mon grand-père me dit :

– Mon fils, ici, dans chaque racine de ces arbres vivent les esprits maîtres de cette selva. Il y en a d'autres qui vivent dans le cœur de chaque arbre que tu vois. Là, dans ce lac, je fais mes offrandes au maître des eaux.

Assieds-toi et contemple le lac quelques instants. Ensuite, tu répéteras ces paroles avec moi, en offrant de tes propres mains de la coca et de l'ambil :

Grand Esprit de l'Eau,
reçois mon offrande,
reçois ma coca et mon ambil
que j'ai préparés pour toi.
Grand Esprit de l'Eau,
laisse-moi me baigner dans tes eaux,
laisse-moi boire l'eau noire
de tes veines,
ainsi je reviendrai une autre fois
te faire des offrandes.

Après avoir jeté quelques cuillerées de coca et une portion d'ambil au centre du lac, mon grand-père me demanda :

– Tourne-toi en direction des arbres géants et offre-leur la même chose en répétant avec moi :

Esprits des Arbres,
Maîtres de la selva mystérieuse,
je dépose au pied d'un seul arbre
ma coca et mon ambil
que j'ai préparés pour vous.
Cette nuit, vous pouvez prendre
ma coca et mon ambil,
demain nous partirons
mais grâce à cela, je sais que je peux revenir ici.

Notre offrande achevée, nous sentîmes alors une joie intense ! Nous nous assîmes face au lac et aux arbres gigantesques. La nuit approchait lentement. Nous nous étions assis sur la terre propre qui existait en ce lieu.

Bientôt commencèrent les sons et murmures des êtres de cette nuit sans lune. L'obscurité était totale.

Mon grand-père sortit le flacon contenant le yajé. Il avait coupé quelques lianes épaisses et odorantes et les posa à côté de moi.

– Grand-père, pourquoi as-tu coupé ces lianes parfumées ?

– Mon fils, comme ce yajé est puissant, je ne suis pas très sûr de la réaction de ton esprit et de ton corps lorsque tu recevras les premiers signes de visions. Mais ne te fais pas de souci, c'est seulement une mesure préventive ! Avant de boire le yajé, je vais t'attacher, car en maintes occasions tu as déjà eu des convulsions et tu as couru comme un fou dans la selva. Ici, tu ne pourras pas courir parce que nous devons respecter la maison des esprits. Quand les premières visions parviendront à ton esprit, tu devras me demander de te détacher. Ainsi, je pourrai vérifier si tu es apte, si tu as réussi à passer la plus grande épreuve.

– Très bien, grand-père, attache-moi, mais je te préviens que je vais lutter et vaincre toutes les terribles visions. Je me sens aussi fort mentalement que physiquement. Avant, je courais de peur parce que c'étaient mes premières impressions, mais maintenant je suis bien préparé. Les esprits me viendront en aide !

Une fois attaché avec les lianes parfumées, mon grand-père me donna les premières doses de yajé dans de petites cuillères en bois de calebasse. En quelques minutes, le breuvage commença à produire son effet dans mon cerveau, et s'empara de moi quelque chose d'extraordinaire : je sentais mon corps et mon esprit rapetisser et la nuit se muer en un grand incendie aux flammes multicolores. C'étaient des flammes gigantesques qui sortaient des profondeurs de la terre et se dressaient vers le ciel, mais seul le ciel était noir, d'un noir que je n'avais jamais vu. Il n'y avait plus de nuages, seulement une voûte obscure, un espace opaque, immobile, tranquille...

Je parvins à distinguer la voix de mon grand-père qui me demandait :

– Tout va bien, mon fils ? Veux-tu que je te libère ? Parle-moi fort, car ta voix est devenue inaudible ! Crie, fais un effort !

Enfin, je lui dis, comme si je venais d'un autre monde :

– Grand-père, détache-moi ! détache-moi !

Je criais à pleine voix, mais ma voix était très bizarre ! Alors, mon grand-père ôta rapidement mes liens.

Il me donna davantage de yajé à la petite cuillère, puisque désormais il n'avait plus de raison de se préoccuper de ma réaction. J'avais réussi à faire le grand saut vers l'autre monde ! Mon grand-père me parlait et, à présent, je pouvais l'entendre comme s'il se trouvait au-delà du ciel noir. Sa voix était ténébreuse et lugubre. Il me disait : « Tu dois apprendre à vivre dans l'obscurité, comme les jaguars, comme les grands hiboux ! »

Nous nous mîmes à marcher autour des arbres géants. De temps en temps, mon grand-père se penchait pour ramasser les feuilles fanées de ces arbres qui brillaient sous une faible lumière. C'était une lumière phosphorescente qui s'allumait et s'éteignait à chaque seconde, comme la lumière des astres lointains dans le ciel. Mon grand-père fit de ces feuilles lumineuses une grande torche grâce à laquelle je voyais les yeux des créatures de la nuit, les yeux des grenouilles nocturnes, des papillons et des oiseaux de nuit, les pupilles argentées des jaguars, les yeux des serpents venimeux et des milliers d'insectes, et cette myriade d'yeux dans la nuit avait des reflets rouges et bleus fantasques. Oui, c'étaient des couleurs d'yeux gigantesques ! La torche éclairait et illuminait le rêve de la selva, ainsi que l'activité des créatures d'un monde différent. Ces images provoquaient d'autres sensations dans mon esprit, mon âme et mon corps. Mes yeux transformaient leur représentation normale, comme s'ils souffraient une métamorphose animale, comme s'ils traversaient d'autres espaces.

La lumière des feuilles mortes des arbres géants n'était pas une lumière solaire mais une lumière qui sortait de notre Terre merveilleuse, de notre mère la selva ! Le puissant courant d'énergie qui naissait du ventre de la selva, de ce monde illimité d'arbres et de créatures, des êtres visibles et invisibles.

J'entendais également des bruits de pas, une sorte de procession solennelle d'êtres se dirigeant par des chemins étranges vers des temples ou cavernes secrets. Des voix tourmentées, comme des voix d'anges ou de démons, chantaient et criaient au milieu de la nuit. Elles étaient tantôt gaies tantôt tristes : c'étaient des voix d'invitation ou de rejet, mais indéchiffrables, et jamais je ne pus distinguer une seule syllabe sortant de ce cortège funèbre. C'était comme si nous avions profané les portes de la selva endormie, perturbé la vie d'êtres appartenant à une autre dimension. Certains frappaient les énormes troncs d'arbres comme s'ils les coupaient. Le vacarme provoqué par la chute des troncs, tel le rugissement de centaines de jaguars en furie, brisait le silence de la forêt sacrée. Suivaient des gémissements déchirants et très tristes, et on avait le sentiment que les larmes de la forêt s'étaient muées en fleuves débordants, que le cri de la jungle se transformait en coups de tonnerre et en éclairs ; c'était la magie d'une nuit sauvage ! C'était la lutte de mon esprit avec la mère nature ! C'était la rencontre d'un enfant indigène avec son univers ! C'était l'enseignement sacré de mon Grand-Père-Connaisseur Chijj-Kaa-Ba !

Au cœur de la selva, au cœur de la nuit, mon grand-père Chijj-Kaa-Ba avait gravé pour toujours dans ma mémoire, dans mon esprit et dans ma chair la véritable expression indigène, la raison et la fin de son existence qui n'était autre que la forêt.

Mon Grand-Père-Connaisseur m'avait rendu maître de beaucoup de choses qui m'accompagneraient durant le restant de mes jours. J'avais pris part à sa grande sagesse, à la contemplation de manifestations qui se situaient au-delà de nos capacités humaines. J'avais connu quelques petits éléments de sa vaste connaissance. J'étais passé dans d'autres mondes grâce à la lumière des feuilles mortes qui ne produit ni feu ni fumée, comme la lueur des lucioles. Cette lumière se trouvait là-bas, sur la peau de la selva, voici des millions d'années.

Un peu plus tard, je commençais à utiliser mes connaissances. Je ramassais des racines de nivrée et organisais la pêche avec le poison toxique de cette plante.

Mon grand-père était las, ses forces lui manquaient pour nous suivre dans les nombreuses parties de pêche et de chasse en pleine forêt.

J'y allais accompagné de Mwitsimi, la femme de mon grand-père, et de leur fille Tikemiki. Nous arrachions ensemble les grandes racines de nivrée. Nous en faisions quelques tas, de quoi empoisonner les poissons sur quelque cinq cents mètres du ruisseau, là où ils abondaient. Nous avions choisi un endroit approprié pour ce type de pêche. Ensuite, je creusais un trou profond dans la terre. Nous y placions les tas de poison l'un après l'autre puis, avec une grosse masse en bois, nous pilions les racines jusqu'à ce que tout fût converti en une pâte laiteuse. Nous mettions alors celle-ci dans des paniers tressés, bien fermés, pour qu'une fois immergés dans l'eau, le jus s'écoulât lentement. Les femmes étaient chargées de remuer la boue au bord de la rivière afin que le produit laiteux et vénéneux se mélangeât aux eaux troubles. Cela aidait à tromper les poissons. Le poison commença à produire ses effets au bout de vingt minutes ; les poissons, effrayés, commencèrent à sauter vers la terre. Mwitsimi et Tikemiki remplissaient leurs paniers de loches, « palometas », carpes, « bagres », « dormilones », aloses, « carachamas », piranhas noirs et piranhas rouges. Pour les plus gros poissons, j'intervenais muni d'un harpon long et lourd. Soudain les femmes effrayées poussèrent des cris et sortirent de l'eau en courant.

– Cousin ! Cousin ! Au secours ! Il y a un caïman noir ! hurlait Tikemiki.

Je me mis à courir et, juste au moment où le caïman noir avançait sur elles, je lançai mon lourd harpon qui pénétra dans son cou, le tuant net ! Avec ma machette, je coupai de grosses lianes, enlaçai son cou puis le traînai à terre. Il s'agissait d'un mâle de dix ans. Il mesurait trois mètres de long et pesait environ soixante kilos. J'avais déjà ma pêche assurée. Mwitsimi et Tikemiki continuèrent à ramasser des loches et des aloses. Nous avions de la nourriture pour presque un mois. Les femmes étaient contentes et riaient. Je me mis à ôter l'écorce du mata-mata et fis des courroies pour nous les passer sur le front et charger toute notre pêche.

Alors que nous arrivions chez mon grand-père, nous vîmes sa silhouette dans l'embrasure de la porte.

Il vint à notre rencontre et me félicita car nous avions réussi à faire une pêche abondante. Je partis à la recherche de petit bois vert pour fumer les poissons et le caïman. J'avais seulement apporté la queue et les pattes, car le reste n'était que peau et os. Nous ne retirons jamais la peau du caïman pour le fumer. Ainsi le veut notre coutume.

La nuit, nous avons dansé autour du feu. Dans notre tribu c'est notre façon de remercier. Nous nous félicitions les uns les autres car nous formions une famille vivant en paix. Ensuite, nous racontâmes comment s'était déroulée la partie de pêche. Mon grand-père me dit :

– Mon fils, comme tu le sais, nous avons beaucoup de gibier par ici. Mais, si ma fille et ma femme t'ont demandé d'aller à la pêche, c'est parce qu'elles voulaient savoir si tu te débrouilles bien dans ce domaine. A présent, elles dansent de joie ! Quand je mourrai, tu t'occuperas d'elles. Tes parents et tes frères pourront venir vivre ici quand ils le voudront. Ici, tu as de la terre et tu en as aussi près de la maloca de ton père. Tu peux cultiver ta propre chacra et construire ta maloca, si tu le souhaites. Je te donne une bonne partie de cet immense terrain. Choisis le morceau que tu veux, de ce côté du ruisseau ou de l'autre car, sur les deux bords, il y a des salants et une bonne aire de pêche.

Nous sommes un peuple de chasseurs. Nous ne sommes pas des pêcheurs. Tu sais faire de très bons pièges et tu sais très bien chasser les tapirs et les cerfs. C'est très important pour un chef de tribu. Ici, désormais, beaucoup de malades viendront pour que tu les soignes avec nos médicaments. Beaucoup de gens vont venir t'écouter parler de tout ce que tu as appris avec moi. Tu es jeune mais tu es intelligent, ton cœur est ouvert à l'univers, tu es généreux et tu as de bons sentiments. Tu pourras guider notre tribu avec fermeté, courage et détermination. Tu as déjà pris beaucoup de décisions importantes.

Sur les lignes de tes pieds j'ai lu que tu voyageras beaucoup, pendant de nombreuses années, par des terres lointaines ; tu te mêleras à des étrangers, tu souffriras beaucoup mais tu reviendras ici. Tu fouleras à nouveau la terre qui te vit naître et tu y mourras aussi de vieillesse et de fatigue, comme moi. Nous mourons de la fatigue que produit la vie dans notre corps. Notre chair ne vaut rien, c'est notre esprit qui détient toute notre valeur. A la fin de la vie, nous découvrons que notre corps vieillissant tremble de douleur et de peur. Mais, en arrivant à l'âge que j'ai aujourd'hui, je sais également que l'esprit est plus fort qu'avant, que la vie c'est apprendre, apprendre et toujours apprendre. Nous découvrons très tard que nous ne connaissons rien, mais nous savons également que nous faisons partie d'un être mystérieux qui, lui, sait tout et c'est pourquoi nous lui faisons nos offrandes de végétaux.

Nous savons qu'il est là, mais nous ne connaissons pas le lieu exact. Nous, les puissants sorciers qui travaillons dans l'obscurité, nous pouvons toucher un autre savoir, une autre connaissance de tout ce qui existe. Et s'il n'y avait pas des sorciers issus de nuits plus noires que la couleur que tu as aperçue lors de tes visions, l'équilibre de la vie ne pourrait exister. Deux couleurs sont les maîtres de la vie et de la mort. Elles teignent les dimensions superficielles que nous pouvons observer quotidiennement. L'une est la couleur du jour, de la lumière et l'autre celle de la nuit, du Grand Soleil noir dont les rayons effacent la première. De là, de ces deux énergies, provient l'équilibre de la vie. Ce sont les deux forces nécessaires pour vivre et mourir en harmonie. Le renouvellement constant en est issu.

La vie est comme un vaste atelier indigène dans lequel tes potentialités bonnes ou mauvaises se développent avec lenteur ou rapidité. Cela dépend de la valeur que tu as en toi. Cela dépend de la méchanceté qui existe en toi. La première est comme une jolie plante délicate, aux fleurs parfumées qu'il faut soigner avec beaucoup de respect et d'attention. L'autre est comme une bête féroce qu'il faut apprendre à dominer dans la cage de notre esprit.

De temps en temps, mon grand-père attisait le feu d'où s'échappaient des étincelles incandescentes qui s'élevaient en spirales fugaces. Assis sur la carapace de la tortue Morrocoy, nous mâchions tous deux la poudre verte de la coca et léchions l'ambil.

Les heures de profondes réflexions de mon grand-père commençaient à minuit pour ne finir qu'à l'aube.

Le feu illuminait son visage couvert de rides et par moments je voyais ses yeux devenir rouges comme s'ils saignaient. Sa voix était cassée, rauque, un peu ténébreuse.

Après d'interminables heures de discussions nocturnes, mon grand-père se retirait fatigué pour aller dormir dans son hamac. Je restais seul, plongé dans mes pensées, en proie à une tristesse intérieure car je vivais les derniers instants avec mon grand-père. Je sentais s'approcher les dernières heures de sa vie.

La saison des pluies torrentielles avait cessé. Le Grand Fleuve Amazone descendait lentement. Les affluents, les ruisseaux et autres cours d'eau retournaient également à leur lit.

On entendait les cris des garzettes et des canards sauvages dans leur grande migration. Ils venaient de terres lointaines chercher de la chaleur et de la nourriture. Les toucans avec leur grand bec large et coloré sautaient sur les hautes branches. Le vert tendre de la selva et la cigale avec son grincement intermittent annonçaient l'arrivée de l'été. L'époque de l'abondance et des grandes récoltes approchait.

Le soleil étincelant et généreux se levait tel un dieu en or. Ses rayons faisaient vibrer toute la selva. La chaleur redonnait vie à cette partie du monde.

Les femmes et les hommes se préparaient de bonne heure pour brûler et planter leurs champs. Tout prenait un autre tour. Tout n'était qu'agitation, gaieté, chants d'oiseaux, danses de papillons ; les esprits couraient, invisibles, le vent apportait des parfums ; bientôt s'ouvriraient les pétales des fleurs suspendues et, là-bas, sur les branches des arbres, d'autres jardins fleuriraient.

C'était la marche de la vie. Le renouvellement des espèces.

Au milieu de cette douce frénésie, j'étirai mes bras et aspirai le nectar, l'élixir de la selva.

J'entrepris une danse lente, rythmée, élevant les mains en direction des altitudes bleutées, je me transformai en un aigle qui, depuis les hauteurs, domine le royaume des terres basses.

Je jouais avec les nuages blancs, mes yeux traversaient tous les murs, tous les obstacles, les montagnes cosmiques étaient ma maison, mes serres soutenaient les parois célestes. Je dirigeais mes attaques contre les vipères et serpents venimeux, je triturais leur tête, j'arrachais leurs tripes et dévorais leur viande par lambeaux.

Je lançais mon puissant cri de victoire puis me cachais derrière les étoiles.

Mort et métamorphose de mon grand-père

Le canot de mon grand-père étant presque détruit, je partis dans les profondeurs de la forêt à la recherche d'un gros arbre à l'écorce mince, au bois fibreux et résistant qui s'appelle « Yacare-Uba » ou bois « crocodile » et quand j'eus trouvé le bon, à l'aide de ma hache en acier, je l'entamai à partir des racines. Il me fallut deux jours pour l'abattre. Je choisis alors la moitié du tronc pour tailler mon premier canot. Après avoir coupé un morceau de huit mètres, je creusai l'intérieur puis, avec des branches aux feuilles vertes et sèches, j'allumai un feu lent pour trouer et dilater le bois. Je mis presque trois semaines pour le terminer. Il manquait les rames et la quille. Je me mis à la recherche d'une autre espèce d'arbre, dont les racines sont comme d'épaisses planches soutenant les troncs. Ce bois dur et résistant a aussi l'avantage d'être léger et de bien flotter. Ainsi, lorsque nous sommes en train de ramer et que soudain nous lâchons nos pagaies, c'est facile de les récupérer.

Je taillai trois grandes rames, une pour Mwitsimi, une autre pour Tikemiki et la dernière pour moi. Grâce à ce canot, nous pourrions rendre visite à nos parents et amis ; transporter et échanger nos produits. Notre ruisseau, le Caimo, était un bras du Tacana, un affluent de l'Amazone qui, dans cette région, porte le nom de Solimoes. Nous pouvions donc partir vers « le grand fleuve de nos femmes guerrières ». J'étais content car je dirigeais tous les travaux dans la maloca de mon grand-père. Je cherchai des palmiers carana, espèce dont les feuilles sont les plus résistantes aux averses et je tressai près de trois cents « peignes », tuiles de palmes avec lesquelles je restaurai entièrement le toit de la maloca. Je changeai une partie de la charpente, je mis de nouvelles lianes et fixai les deux portes ainsi que les « fenêtres » de chaque côté du toit ovale de la maloca. Je taillai des battes à yuca pour les deux femmes, tressai des tamis, des pressoirs pour extraire l'amidon, fis des pièges pour la pêche. Je rénovai l'enclos des pécaris, des tapirs domestiques et l'abri des pauxis, des perroquets, des aras et toucans qui les protégeaient des attaques d'ocelots. Avant que mon grand-père ne disparaisse, je voulais qu'il voie comment je lui manifestais ma gratitude. Je voulais lui témoigner mon obéissance, ma profonde dévotion et mon respect, je voulais lui dire que j'accomplirais ses dernières volontés. Je prendrais soin de sa femme et de leur fille comme s'il s'agissait de mes secondes mère et sœur. Six mois s'écoulèrent avant que la maloca, nos outils de travail et les choses nécessaires à notre subsistance fussent presque totalement restaurés et rénovés. Je travaillais frénétiquement, j'avais soif de me rendre utile, de travailler et de servir pour le bien de notre vie communautaire. Mon grand-père se sentait plus faible de jour en jour. Il savait qu'il allait mourir d'un moment à l'autre.

Je restai vigilant à son côté, je veillai sur lui avec une extrême attention et beaucoup de tendresse, comme s'il s'agissait d'un enfant.

Un jour, mon grand-père m'appela :

– Mon fils, me dit-il de sa voix fatiguée, je veux que tu ailles me chercher une bonne quantité de feuilles lumineuses, celles des arbres sacrés. Apporte-moi quelques morceaux de cette liane aux parfums agréables, celle dont je me servis pour t'attacher. Prépare-moi une calebasse de caaguin-nne légère ; je ne veux pas qu'elle soit épaisse. Je veux boire de tes mains ma dernière boisson miraña. Ma dernière heure approche. Je dois me préparer à mon long voyage. Voici mon sac en fibre de palme. Je te le laisse, il contient toutes sortes de médicaments que tu connais déjà. Tu les utiliseras selon ce que je t'ai enseigné et tu les transmettras à tes enfants, aux enfants de ma fille, aux enfants de tes frères et sœurs, à tous tes parents, car c'est toute la valeur de notre médecine miraña. Suis notre tradition, promets-moi d'exaucer mon vœu !

Je fis un gros effort pour ne pas pleurer. Enfin, je parvins à répondre, les yeux humides :

– Oui, grand-père, je te le promets ! Parole d'indigène miraña, je le ferai pour notre peuple !

Après quoi, je sortis chercher des feuilles lumineuses, courant sur les chemins tracés par mon grand-père et arrivais sur le lieu sacré en quelques heures à peine. Je coupai quelques lianes odorantes, ramassai une bonne quantité de feuilles, fis une grande torche, l'attachai dans mon dos et me mis de nouveau à courir à grande vitesse. Je courais par ce monde où j'avais vécu les heures magiques en compagnie de mon Grand-Père-Connaisseur. Ce monde hallucinant défilait rapidement devant mes yeux.

Et je courais toujours plus vite !
Je courais comme un fou !
Je courais à la rencontre de mon grand-père agonisant !
Mon cœur battait à tout rompre !
Des flots de sueur couraient également sur tout mon corps !
La nuit de la vie approchait !
Et je ne connaissais aucune lumière pour éclairer
la nuit de la vie !
Je voulais arriver à la maloca de mon grand-père !

Alors, avant que le soleil ne se cache derrière les hautes cimes de la selva, j'arrivai et tombai à terre, mort de fatigue.

Mon grand-père vivait encore !

Les grand hiboux lançaient leurs mauvais augures !

Bientôt il ferait nuit ! Il n'y avait pas de temps à perdre.

J'attisai le feu et préparai une boisson délicate à l'amidon de manioc doux. Je montai l'escalier de mon grand-père, me plaçai à côté de son hamac, ouvris ses lèvres froides, presque inertes, et lui versai à boire le liquide tiède, goutte à goutte.

Il rouvrit ses yeux moribonds et son cœur commença à battre plus fort. Son corps commença à se réchauffer et on aurait dit qu'il avait récupéré sa vigueur.

Je l'aidai à s'asseoir et, à ma grande surprise, il se releva peu à peu jusqu'à tenir debout. Il se refusait à mourir et luttait pour me parler.

Par moments je le soutenais. Alors, il me dit d'une voix lente :

– Fils, emmène-moi à l'endroit sacré !

– Non, grand-père ! Tu es trop faible ! Tu pourrais mourir en pleine forêt ! Je veux que tu restes ici, avec moi !

– Non, mon fils, me répondit-il, tenace. Il était têtu. Je dois accomplir mon destin final ! Partons vite !

Lui-même se mit en marche et descendit l'escalier de bois.

Cette fois-ci, il n'emporta rien. Il allait le corps nu et les mains propres. Il portait une longue cicatrice sur le côté droit de son torse. C'était la blessure dont m'avait parlé ma mère.

A présent, mon grand-père marchait lentement, mais d'un pas ferme.

Il se dirigeait avec détermination par ses propres sentiers forestiers. J'éprouvais une grande fierté. Jusqu'aux derniers instants il me donnait une grande leçon.

Pendant notre lente et pénible marche jusqu'à l'espace spirituel de mon grand-père, je cueillais les feuilles décorées comme la fourrure aux taches sombres des Jaguars. Dans la nuit, la torche de feuilles lumineuses lançait un faisceau qui éclairait le sentier et faisait surgir des images fantasmagoriques. Ces ombres nous accompagnaient comme un étrange cortège funèbre. C'étaient des ombres tremblantes, froides et confuses !

Quand nous arrivâmes au temple sacré de mon grand-père, il m'ordonna d'un ton autoritaire :

– Fils, grimpe à cet arbre ! Une fois là-haut, reste en éveil car je ne vais pas mourir ! Je vais subir une terrible mutation, une douloureuse métamorphose. A partir de cette nuit je serai ton grand-père-jaguar. Je garderai ce lieu pour toujours et mangerai beaucoup d'êtres vivants ! Je me transformerai comme les Gens de Sindi, la tribu cannibale dont les membres se sont mués en redoutables Jaguars.

Reste là-haut et surveille ! Offre de la coca et de l'ambil à ceux qui vivent comme moi. Avant le lever du soleil, descends et cherche-moi derrière ce grand arbre ; tu m'y trouveras ! Tu peux t'approcher, n'aie pas peur de moi, je ne te ferai aucun mal. Mon grand-père parlait comme s'il s'était déjà métamorphosé.

Tous deux nous mâchâmes la coca, nous léchâmes l'ambil et je récitai la prière dirigée à la maison aux esprits. Alors, mon grand-père s'écarta et me dit :

– N'essaie pas de descendre durant la nuit, cela pourrait être très dangereux car je ne serai pas seul. Suis bien mes paroles !

Il me serra dans ses bras et se perdit dans les ténèbres.

Au milieu de la nuit, je perçus comme un bruit lointain et rauque, l'obscurité se fit plus lugubre, il tombait une pluie lente, persistante, le bruit sourd se rapprochait peu à peu, et vers une heure du matin, mon corps se crispa. Quelque chose d'horrible arrivait ! C'était comme si un grand tremblement de terre secouait les bases de la selva, un terrible bruit assourdissant de dizaines de jaguars qui rugissaient furieux, autour des arbres sacrés, grattant la terre et les troncs des arbres, brisant de grosses branches qui tombaient dans le lac noir. Un déluge infernal, accompagné de coups de tonnerre et d'éclairs, s'abattit sur la forêt. La foudre coupait certains arbres en deux qui, en se fracassant, produisaient dans leur chute des sons d'outre-tombe.

Un vent déchaîné pliait l'arbre où je m'étais réfugié et durant quelques secondes je crus que j'allais tomber avec lui vers les profondes crevasses qui s'étaient ouvertes au cours de ce cataclysme démoniaque. Puis tout cessa. Suivit un silence sépulcral. Tout s'arrêta aussi vite que cela avait commencé. Je ne pouvais utiliser ma torche car, cette nuit, mon grand-père me l'avait formellement interdit.

Au lever du soleil, je tremblais de peur, je sentais un froid malsain dans tout mon corps, mes muscles ne m'obéissaient pas, j'étais comme paralysé, encore hypnotisé par tout ce tapage. Toutefois, je me souvins que mon grand-père m'avait ordonné de descendre avant que le soleil n'illumine les ombres méchantes de la selva. Je pris la direction de l'arbre indiqué par mon grand-père… Quelle horreur ! L'arbre n'était plus à sa place ! Tous les arbres avaient quitté leur endroit d'origine. Quelques-uns gisaient en morceaux, brisés par les éclairs. La forêt offrait un spectacle de guerre, comme si une grande bataille s'était livrée pendant la nuit. Il y avait du sang partout, des gouttes de sang frais ! Ces Jaguars-Démons avaient célébré un festin cannibale, la terre s'était ouverte ! Je n'avais pas rêvé, je n'étais pas hypnotisé ! C'était horrible !

Je me mis à chercher mon grand-père. J'avais envie de fuir à toutes jambes. C'était trop pour moi ! Je ne pouvais trouver les mots pour décrire tout ce qui était arrivé.

Je m'approchai d'un arbre sacré et, derrière une racine plate et haute, je découvris un gros jaguar. Dès qu'il me vit, il commença à rugir en me montrant ses poignards affilés. Un courant froid de panique parcourut tout mon corps. Je ne pouvais parler. C'était mon Grand-Père-Connaisseur qui avait pris la forme du jaguar ! J'avais envie de courir, j'étais pâle et je suais d'anxiété. L'énorme jaguar s'approcha de moi, me lécha les mains et se leva sur les pattes arrière ; il me lécha le visage, me fit pencher la tête vers sa bouche et je sentis qu'il me soufflait fortement son haleine au sommet du crâne.

Je réalisai que, malgré sa mutation démoniaque, mon grand-père-jaguar ne voulait pas me faire de mal. Il soufflait sur mon cerveau comme il l'avait fait lorsqu'il pratiquait ses guérisons et me soufflait la fumée de son tabac sur la tête. Ensuite, il reprit sa posture normale de félin. Il me regarda une dernière fois et des étincelles de lumière bleu-argent jaillirent de ses yeux. Il lança un rugissement effrayant qui fit trembler la terre, pénétra dans cette masse verte d'un autre temps et d'un autre espace, et passa pour toujours sur l'autre rivage des obscures vallées.

2

Les Blancs

Comment j'attaque les colons

Pendant de nombreuses semaines ces événements extraordinaires me plongèrent dans un mutisme préoccupant. Il me semblait entendre le rugissement effrayant de mon grand-père. Je dormais plutôt mal et c'est à peine si j'acceptais les aliments. Je me sentais mal et je me noyais au milieu de toutes ces images grotesques qui me passaient par la tête. J'avais besoin d'un long repos. Chaque matin, je me dirigeais vers le ruisseau et je nageais pendant des heures. Le courant frais sur mon corps et l'exercice m'aidaient peu à peu à retrouver mon équilibre physique et mental.

J'avais souvent pratiqué ces exercices sous l'œil sévère de mon grand-père. Il me les avait enseignés car ils produisaient la détente nécessaire aux méthodes d'apprentissage du chamanisme. Ici, ils servaient à ma propre récupération. Je n'avais pas encore pu expliquer quoi que ce soit à la femme ni à la fille de mon grand-père.

Elles m'observaient et se gardaient de me poser des questions car elles savaient que je n'y répondrais jamais.

Quelques jours plus tard, je me sentis mieux. Je rassemblai tous les objets usuels de mon grand-père. Je transportai son vieux canot au centre de la maloca, ses rames, sa sarbacane, le carquois avec ses dards, son arc, ses flèches, son harpon, son hamac et ses ornements de cérémonie. J'avais seulement le droit de garder son sac de produits médicinaux et le collier en dents de jaguar, ce dernier étant le gage de ma succession.

Après avoir réuni tous les biens de mon grand-père, je me mis à creuser un trou profond, exactement à l'endroit où il avait l'habitude de s'asseoir. C'est d'ici que mon grand-père s'adressait à son peuple, nous conseillait, donnait des ordres et dictait des lois, qu'il pratiquait ses soins et nous entretenait de nos traditions les plus anciennes. Là, j'enterrai tout ce qui lui avait appartenu. J'introduisis un gros tronc de « bois de sang » et sculptai la mâchoire d'un jaguar. Ainsi, quand on me demanderait où ont été enterrés les os de mon grand-père, le tronc servirait de sépulture.

Je me mis à chanter la cérémonie des morts, les deux femmes pleuraient et m'accompagnaient de leurs lamentations. Puis elles se levèrent, me serrèrent dans leurs bras et nous commençâmes la danse des morts. Nous dansâmes frénétiquement pendant la moitié de la nuit, jusqu'à tomber de fatigue. Mon grand-père était devenu jaguar. Seul son corps restait dans le ténébreux mystère.

Un jour, Mwitsimi me dit :

– Jikiti, ma fille et moi saurons très bien garder le silence sur la « disparition » de ton grand-père. Pour la tribu et nos plus proches parents, ton grand-père se trouve enterré ici, au centre de la maloca, mais, pour nous, il a disparu dans la selva.

Elle attendait une réponse, mais comme toujours je ne dis pas un mot sur ce sujet. Je conclus ainsi mon devoir et plus jamais je n'entendis d'autre commentaire de la part des deux femmes.

Mwitsimi et Tikemiki se sentaient rassurées en ma compagnie ; nous formions une famille qui devait continuer à lutter pour défendre nos traditions. Plus tard, Mwitsimi me prit à part et me dit :

– Jikiti, tu dois construire une petite maison à côté de notre maloca car Tikemiki est déjà une femme. Hier soir elle a eu sa première menstruation et, selon la coutume des femmes mirañas, nous devons l'isoler afin de célébrer la fête de l'initiation de Tikemiki à la vie de femme. Ton grand-père t'a déjà prévenu sur ces affaires de femmes nous concernant et tu sais comment nous devons procéder.

– Je mis trois jours à construire une petite maison près de la maloca, dans laquelle Tikemiki resterait pendant une période pas encore déterminée. Là, Mwitsimi s'occuperait d'elle et lui apprendrait ses devoirs et obligations en tant que femme, épouse et membre de la tribu.

Je remarquai que Mwitsimi avait confectionné pour sa fille de nouveaux bracelets, un collier de noix et une couronne de plumes d'aras rouges et bleus. Tikemiki avait le dos décoré de peintures diagonales de couleur jaune et, sur son visage teint au rocouyer, elle avait peint de petites rayures noires. Tikemiki allait complètement nue et fière de sa nouvelle personnalité de femme. C'était ma sœur adoptive et je l'aimais comme ma propre sœur.

La grande fête de l'initiation de Tikemiki approchait. Il nous faudrait beaucoup de nourriture pour nos invités. Je pétris une jarre pour l'offrir à ma mère et je taillai une grande rame pour en faire cadeau à mon père. Je ne les avais pas vus depuis plus de deux ans. A présent, je devais les inviter à participer à la fête de ma sœur adoptive. J'informai les deux femmes que j'allais m'absenter pendant quelques jours et que je reviendrais avec mes parents pour célébrer ensemble notre danse. La maloca de mon père était située en amont du ruisseau Caimo. J'embarquai dans mon canot tous les présents pour mes parents et je ramais près de neuf jours pour atteindre la maloca de mon père. Quelle surprise, la famille s'était agrandie ! J'avais un petit frère d'environ un an et ma mère en tenait un autre dans ses bras, d'à peine trois mois ! Quelle joie ! Je me mis à danser avec mon père et, tout heureux, je serrai ma mère contre moi. A présent, je me sentais moins seul. Au moins, nous pourrions travailler ensemble. Mes frères grandiraient et je leur apprendrais tout ce que mon grand-père et mon père m'avaient enseigné. Ils seraient de bons guerriers et continueraient d'agrandir notre famille. Mon frère cadet fut appelé Paaj-ji qui signifie en miraña « Esprit Maître des Eaux du fleuve Cahuinari ». Et le dernier né fut nommé Iwa, c'est-à-dire « Ara rouge », nom qui a aussi une origine mythologique, en rapport avec l'histoire du « Trou des aras », Araracuara, près de la Pedrera, petit village situé sur la rive du Caqueta.

Ma mère était contente de me voir si fort et très actif. Mon père fut étonné de mon habileté et me déclara que nous irions pêcher et chasser pour préparer la fête de Tikemiki.

Ma mère me dit :

– Autrefois, les fêtes étaient vraiment beaucoup plus gaies, quand nous vivions sur le Caqueta. Aujourd'hui, nous sommes si loin de notre terre ! Nous sommes très peu ! Ici, près de l'Amazone, le goût des poissons est très différent de celui de nos poissons, là-bas, sur le Caqueta.

– Maman, répondis-je, un jour nous retournerons à la terre où tu es née. Je suis sûr que nous n'allons pas tous mourir ici ! Quand mes frères seront grands, je te promets de rejoindre une nouvelle fois le fleuve Cahuinari.

Quelques jours plus tard, nous étions arrivés chez mon grand-père. Les femmes étaient ravies d'accueillir tout ce monde ! C'était une fête féminine. Elles tressaient des cadeaux, des couronnes, des bracelets, fabriquaient des clochettes, préparaient des mélanges de feuilles et d'écorces pour peindre le visage de tous les assistants. Elles tiraient des fils des feuilles de palmiers pour confectionner des pagnes pour toutes les filles de la tribu.

Mon père et moi, avions pêché et chassé de quoi préparer le festin. Déjà, presque tout était prêt. Il ne manquait plus que quelques paniers de pain de manioc.

Une semaine plus tard, mon père me dit :

– Fils, à présent tu peux battre le maguaré. Appelle nos invités et parents. Je frappai pendant trois jours notre instrument de communication. Et en peu de temps la tribu était réunie. Les jeunes filles, les anciennes et les autres femmes occupèrent toute la maloca. Elles commandaient tout ! Les hommes se trouvaient un peu isolés, car il s'agissait d'affaires et de préparatifs exclusivement féminins. Nous ne pouvions collaborer en rien.

La nuit, c'était notre tour. Les femmes ne pouvaient plus rester au centre de la maloca. C'était le moment de la cérémonie de la coca, pratiquée uniquement par les hommes et les anciens de la tribu. Mon père leur annonça :

– Comme vous le savez, cela fait plus de deux ans que notre guide spirituel est mort. Sa tombe est juste à côté de nous. Nous devons continuer selon nos traditions. Si, parmi vous, quelqu'un désire se marier avec Tikemiki, il devra le demander à mon fils Jikiti. En tant que successeur de son Grand-Père-Connaisseur, il a le pouvoir d'accepter ou de refuser le membre de la tribu qui voudra épouser sa sœur adoptive. Tikemiki sera présentée à la tribu, comme nous le fîmes avec Jikiti voici quelques années lors de la danse du palmier épineux. Tikemiki est encore trop jeune, mais elle sera bientôt adulte et pourra alors se marier, ici, dans cette maloca. Nous aimerions que son mari soit un Miraña. Mais nous sommes tous égaux face au destin qui nous unit. Nous sommes des rescapés, des fugitifs de la tuerie de la Maison Arana. Les Boras, Andoques, Ocainas, Wuitotos, Muinanes... désormais ne sont plus ennemis. Nous devons lutter pour nous défendre les uns les autres. Nous ne connaissons qu'un seul type d'adversaires, forts et puissants : les hommes blancs. Eux, nous devons les attaquer ! C'est sur eux que nous devons déverser notre rage et notre haine ! C'est contre eux que nous devons lancer les flèches de la mort ! Jikiti accomplira cette vengeance ! Son grand-père l'y a préparé pendant des années. Il mourra, mais cette fois ce sera en tuant et nous l'accompagnerons jusqu'à la mort ! Pour que nos peuples ne soient plus jamais exterminés ! Des hommes blancs commencent à arriver près de nos malocas. Nous savons bien qui ils sont. D'abord, ils nous séduisent avec des objets. Ensuite, ils dévoilent leurs mauvaises intentions. Nous ne devons pas accepter leur présence sur notre territoire. Il faut les tuer !

Nous avons cherché refuge sur ces terres. Un grand nombre de nos enfants sont nés ici. Nous avons travaillé très dur à cultiver nos parcelles et construire nos malocas. Certains d'entre nous ont déjà enterré des membres de nos familles ici même, loin de notre terre. De nombreuses années ont passé sans aucun problème. De nouveau les Blancs s'approchent de notre territoire pour nous enlever tout ce que nous possédons. Pour eux nous ne valons rien. Ils nous traitent et nous considèrent comme des animaux ! Si nous ne les tuons pas, ils massacreront à nouveau nos fils, violeront nos femmes et nos filles, mettront le feu à nos malocas et nous emmèneront comme esclaves. Nous sommes des êtres humains ! Pourquoi ces maudits Blancs nous haïssent-ils et nous tuent-ils comme des bêtes ? Comment pourrions-nous oublier que nous fûmes torturés par le « cep » et qu'ils nous arrachaient vivants les jambes et les bras ? Quelqu'un parmi vous pourrait-il oublier comment ils enfermaient nos mères et nos sœurs, les violaient pour ensuite les tuer à coups de fusil ? Quelqu'un parmi vous pourrait-il oublier comment ils brûlaient vifs nos frères ?

Tout cela fut effrayant, horrible ! Nous ne pouvons faire confiance à aucun Blanc, jamais ! Il ne peut y avoir de confiance indigène à l'égard des Blancs ! Ils nous trompent, ils nous ont toujours trompés ! Ils veulent nos terres, ils veulent nos biens ! Ils veulent notre or, notre pétrole, notre bois et toutes les richesses existant sous le sol que nous foulons. Notre condition humaine ne les intéresse absolument pas. Pour eux, nous sommes des sauvages ! Des êtres qu'ils ont exterminés pendant des siècles, sans aucune considération. Et cela continuera si nous ne les tuons pas avant qu'ils ne nous tuent ! Ici, nous ne voulons aucun Blanc ! Nous n'avons besoin de rien venant d'eux ! Nous voulons continuer à vivre en harmonie et en paix avec nos enfants. La Selva est notre Lieu de vie, notre Maison. A partir d'aujourd'hui, il nous faut remplacer nos flèches empoisonnées par des fusils ! Nous devons utiliser les armes des Blancs pour nous défendre. Quand ils s'approchent de notre territoire, ils sont armés de fusils. Et nous, nous avons juste quelques sarbacanes, des arcs et des flèches d'écorce de palmier pona. Nous ne sommes pas à armes égales. Avec leurs fusils, ils en ont terminé avec nous en quelques heures. Ils abusent de leur supériorité et commettent les crimes les plus odieux. Avant, nous avions très peur d'eux, mais maintenant c'en est fini.

C'est pourquoi, cette nuit, je veux savoir s'il y en a parmi vous qui accepteraient de suivre Jikiti jusqu'au bord de la route qui passe à deux jours de marche de notre maloca (mon père parlait du tracé Leticia-Tarapaca que le gouvernement colombien était en train de construire pour unir Leticia à un port sur le fleuve Putumayo), pour voler quelques fusils aux Blancs qui travaillent avec leurs machines arracheuses d'arbres.

La réponse ne se fit pas attendre. Plusieurs jeunes se levèrent et se proposèrent pour mener notre première action unitaire. Après la fête de Tikemiki, nous réaliserions cet acte d'autodéfense. C'était dangereux et ils pouvaient nous tuer s'ils nous découvraient. Malgré cela, nous étions décidés à aller jusqu'au bout. Nous convînmes que deux hommes de chaque tribu – Miraña, Wuitoto, Bora, Muinan et Ocaina – partiraient. Mon père voulait nous accompagner mais je lui dis qu'il était préférable que l'un de nous deux reste en vie pour prendre soin de maman et de mes petits frères.

Une fois achevée la cérémonie de la coca et décidée la mission contre les Blancs, nous nous retirâmes dans nos hamacs.

Dans mes rêves résonnaient à nouveau les paroles de mon père. Tout revenait clairement à mes oreilles ! Le rêve était notre propre réalité !

Le lendemain matin, une excitation joyeuse régnait partout. Les femmes étaient superbement parées. Seule Tikemiki restait enfermée jusqu'à ce que débute la danse. A midi, Mwitsimi se dirigea en compagnie de nombreuses vieilles vers la maison où avait séjourné Tikemiki et elles se mirent toutes à l'orner et la vêtir de son habit de femme. Elles entamèrent une lamentation profonde comme une chanson pleine de tristesse. Puis leurs chants se firent plus gais et elles pénétrèrent dans la maloca. Mwitsimi tenait les longs cheveux de sa fille et, soudain, les femmes commencèrent à danser en faisant de petits sauts en avant et en arrière tandis que les hommes frappaient bruyamment leurs tambours en latex. Aussitôt ils suivirent les femmes et chantèrent avec elles. Je les imitai. Mon bâton de commandement faisait tinter ses clochettes. Mon collier en dents de jaguar luisait autour de mon cou. Une sorte de frénésie entra en moi et je chantai de toutes les forces qui jaillissaient du fond de mes souvenirs. A chaque strophe les hommes et les femmes me répondaient également avec frénésie. Ils frappaient de leurs talons le sol en terre de la maloca, et le bruit, repris par l'écho de la selva, se répercutait dans le lointain. La danse s'accélérait et les bruits s'amplifiaient. Certains d'entre nous étaient enroués à force de chanter et de psalmodier.

Mwitsimi amena de nouveau sa fille au centre de la maloca et prit ses longs cheveux noirs. Elle entonna de nouveau sa chanson triste. Puis elle changea de ton, cria pleine d'allégresse et laissa Tikemiki assise avant d'entamer une autre danse.

Hommes et femmes se mirent à danser en cercles autour de Tikemiki. Tous étaient entrés dans une sorte de transe magique et frénétique, se laissant posséder par des esprits de la forêt, chacun dansait imitant le son de l'eau, du vent, du tonnerre, de la pluie. Seule, Tikemiki se lança comme une déesse nue et couverte de sueur pour imiter la Terre, notre mère. Elle portait sur les seins deux petits fruits de caïmitier qui symbolisaient tous les fruits de la selva ; c'étaient les fruits de la Terre. Ainsi, la femme était la Terre et ses seins, les fruits que la Terre produit pour nous nourrir.

La fête battait son plein. Nous avions dansé et chanté autour d'une nouvelle femme pour rappeler tout ce qu'elle représentait dans notre mythologie et nos croyances profondes. Nous rendions notre tribut à la femme, à la mère, à l'épouse en même temps que nous manifestions notre adoration à notre mère, la Terre-Selva. Elle était le symbole le plus sacré de la Vie. La continuatrice de nos générations.

Nous passâmes ainsi une semaine à danser et à boire du caaguin-nne. Nous mangions ensemble et il semblait que la paix et l'harmonie de la selva ne prendraient jamais fin.

Après la danse de Tikemiki, les hommes s'assemblèrent autour de moi et me jurèrent obéissance et respect en tant que successeur de mon grand-père. Mes parents et mes petits frères décidèrent de rester longtemps avec nous. Mon père prendrait soin des trois femmes et des enfants. Il était le seul à connaître le maniement des fusils des Blancs. Il nous l'expliqua durant plusieurs jours dans une cabane qu'il avait bâtie dans la chacra, loin des femmes et des enfants. On construit toujours une maison dans chaque champ pour garder toutes les récoltes, pour préparer certains aliments et surtout pour se protéger des pluies et du soleil brûlant. Nous allions dans la selva répéter minutieusement notre attaque nocturne, pratique à laquelle les Blancs ne sont pas habitués dans la forêt. Ces préparatifs durèrent plusieurs jours. Enfin, tout fut prêt. Nous attaquerions pendant la nuit où les Blancs ont l'habitude de se saoûler. C'est d'ailleurs grâce à l'alcool que de nombreux Indiens réussirent à s'échapper des prisons des exploiteurs du caoutchouc, sur le Caqueta. Quand ils sont saoûls, les Blancs perdent leurs forces et l'équilibre de leurs sens. Ainsi, ce serait plus facile. Nous ne comprenions pas pourquoi les Blancs choisissaient certains jours pour boire de l'alcool mais nos séances d'observation nous firent découvrir qu'ils buvaient quand leurs chefs s'éloignaient du campement. Alors, il ne restait plus qu'une quinzaine d'hommes (il n'y avait pas de femmes). Nous étions six contre quinze. Les quatre autres nous attendaient en montant la garde.

Comme les Blancs n'avaient jamais été attaqués, ils gardaient leurs armes dans un coin et dormaient tous au même endroit. La différence entre eux et nous, c'est que nous avions été effectivement attaqués voici longtemps par les exploiteurs du caoutchouc de la Maison Arana et que nous en gardions d'amères expériences. Les Blancs qui travaillaient là, coupaient les arbres qui nous servaient d'aliment, effrayaient les animaux que nous chassions, arrachaient de leurs énormes engins métalliques toutes les plantes et racines qui étaient notre unique source de subsistance. Ils déviaient les fleuves et ruisseaux où nous pêchions et d'où nous tirions de l'eau pour boire. Ces Blancs-là constituaient également une grave menace pour notre survie. Ils n'étaient ni des exploiteurs de caoutchouc ni des chercheurs d'or, mais comme n'importe quel Blanc, ils venaient avec de mauvaises intentions. Ils auraient tôt fait de détruire notre forêt, d'assécher nos fleuves, nous laissant sans vivres, nous expulsant de cette même maison où nous étions arrivés après les avoir fuis.

Exploiteurs du caoutchouc ou du bois, chercheurs d'or, missionnaires, mercenaires criminels, trafiquants d'esclaves ou scientifiques qui ramenaient dans leur pays nos minerais, nos herbes et nos produits médicinaux et les cartes qui serviraient de guides aux multinationales du pétrole, aux entreprises destinées à piller l'or des indigènes, à la construction d'immenses centrales hydroélectriques : voilà ce qu'étaient ces Blancs.

Ainsi, nous n'agissions pas sous l'emprise d'une vengeance aveugle ou d'une haine irrationnelle. Non ! Nous agissions à partir d'une longue période de douleur, d'agonie, de tortures, sans jamais avoir vu la fin de tout ce processus initié par les Blancs. Pendant de nombreuses générations, nous tous avions souffert le régime de la terreur blanche. Ils disaient que nous étions des cannibales et que nous n'avions pas d'âme ; ils considéraient qu'ils devaient nous détruire, nous assassiner sans aucune compassion. Nous aussi, nous pensions que c'étaient des criminels, sans foi ni loi, car ils ne respectaient ni la vie ni les droits naturels d'aucun être humain. Alors, il n'existait pas grande différence entre un Blanc chercheur d'or, un missionnaire, un exploiteur de caoutchouc, un bûcheron, un marchand d'esclaves, ou un ingénieur des mines payé par les multinationales, car tous avaient le même but : nous détruire.

Nous étions arrivés à la nuit tombée tout près du campement des hommes qui abattaient les arbres avec leurs machines rugissantes comme des jaguars. Nos corps peints nous permettaient d'observer leurs mouvements sans être vus. Cela faisait des heures qu'ils buvaient de l'alcool à leurs bouteilles et la plupart ne pouvaient plus tenir debout. Des lampes à kérosène éclairaient le campement et certains avaient des lanternes accrochées à leur ceinture. Personne n'était armé apparemment, mais quelqu'un tira avec son fusil. Moi et un autre guerrier, nous nous dirigeâmes vers le lieu d'où était parti le coup. Tandis que deux hommes s'approcheraient de la maison où les Blancs gardaient leurs fusils, deux autres surveilleraient les mouvements de ceux qui n'étaient pas encore ivres. Nous devions réduire au silence l'homme qui tirait, lui enlever son arme puis attaquer les Blancs les plus dangereux.

Celui qui tirait visait une branche d'où pendait un paresseux. Il le faisait seulement pour se divertir. Rapidement, je lui tirai un dard empoisonné dans la veine jugulaire. Le dard avait été enduit du poison de rainette dorée, de curare épais et aussi du venin du serpent « verruqueux ». L'homme sentit une douleur horrible puis réussit à dire quelque chose, mais il était déjà trop tard. Il s'effondra les yeux exorbités. Le sang commença à couler de ses narines, de sa bouche et de ses oreilles. Mon compagnon tomba sur le Blanc agonisant et lui trancha le cou à la machette. Nous fouillâmes ses poches et trouvâmes dix-huit cartouches de fusil. Nous ramassâmes le fusil et recouvrîmes son corps de feuilles. Ainsi, ils découvriraient le cadavre le lendemain. Nous rejoignîmes les autres compagnons et attendîmes que tous les Blancs fussent endormis. Tout était déjà sombre. Seule une petite lampe illuminait leur dortoir. Le dépôt de fusils était dans l'obscurité. Vers minuit, l'un de nous escalada un côté de la maison, retomba à l'intérieur et nous ouvrit rapidement la porte. Dans chacun de nos sacs, nous enfournâmes tous deux fusils et plusieurs boîtes de munitions. Puis, sans faire de bruit, nous disparûmes dans la nuit.

Avant d'entreprendre l'attaque contre les Blancs, mon père avait tracé un chemin à coups de machette depuis leur campement en direction de l'embouchure du ruisseau Caimo. Des colons brésiliens vivaient dans cette région, frontalière du Brésil et du Pérou. Cette piste devait servir à contrarier les recherches sur l'origine de l'attaque. Ils découvriraient sûrement que c'était nous ; mais nous avions l'avantage d'être loin et de n'avoir de communication avec personne. C'était la première fois qu'un petit groupe d'indigènes osait attaquer les Blancs envahisseurs. Nous avions devancé l'arrivée des missionnaires et des explorateurs de la Selva. Notre avertissement était terrible. Nous ne voulions absolument rien avoir à faire avec les Blancs. Ni avec les gouvernements ni avec les militaires, puisque toute la société blanche était complice de notre misère et de notre extermination. Aucun gouvernement n'était de notre côté ; au contraire, il y avait beaucoup de soldats et policiers qui tuaient aussi des leaders indigènes, s'ajoutant aux patrons du caoutchouc, dans ce processus d'ethnocide historique de nos peuples.

Ma fuite à Leticia

Sans se soucier de ce qui était arrivé, le gouvernement poursuivit la construction de la route. L'annonce de la mort d'un ingénieur civil attira l'attention du public. L'ensemble du campement fut alors protégé par des soldats et policiers en armes. De nouveaux colons colombiens arrivèrent pour nous expulser de nos territoires, sans nous consulter, sans nous demander notre avis, faisant comme si nous n'existions pas, comme si notre groupe humain n'avait jamais eu aucune valeur. Ils installèrent des fermes d'élevage et commencèrent à semer du pâturage pour bovins. A partir de la route principale furent tracés des chemins vers l'intérieur de nos territoires.

Les colons se répartissaient la terre à leur convenance, et les lacs et cours d'eau commencèrent à tarir. Les animaux disparaissaient et le grand temple sacré de mon grand-père fut bientôt enseveli sous les excréments des vaches et des chevaux. Les tracteurs arrachaient de leur tombe les restes de nos morts. Les ouvriers piétinaient les crânes de nos parents défunts. La forêt vierge et nos cimetières avaient été profanés. Nos enfants commençaient à mourir de faim. Il n'y avait plus ni où ni quoi chasser. Il n'y avait plus où aller cueillir des fruits, des noix, des amandes et des racines comestibles. Le lac au bord duquel je m'assayais le soir avec ma mère fut envahi par les pelles mécaniques. Notre monde merveilleux avait disparu en quelques années à peine. Tout alla très vite, comme si un grand cataclysme avait changé le vert paysage en une zone peuplée d'hommes en armes, de gens étranges venus de terres hostiles. Un autre horizon, couvert d'asphalte et de ciment…

Nous observions atterrés comment l'homme blanc et la civilisation moderne nous expulsaient de notre habitat. Quelques Blancs nous poussèrent violemment puis se mirent à détruire et à incendier nos malocas. Ils tendirent des fils de fer barbelés dans nos parcelles et jardins. Et devant une telle destruction, personne, absolument personne, ne nous vint en aide. Mon père me demanda :

– Mon fils, que faire face à tous ces hommes mauvais, face à toutes ces armes et toutes ces machines d'acier ?

Je restai pensif ; une vague de furie animale m'envahit.

– Papa, lui répondis-je lentement, à présent il ne nous reste plus rien. Nous sommes des étrangers, et une fois de plus des persécutés et des fugitifs sur notre propre territoire. Je dois apprendre tout ce que les Blancs savent – lire, écrire, manier des armes – afin qu'un jour la lutte soit égale. J'ai appris que la vie, pour les Blancs, est seulement un champ de bataille, une guerre sans fin, un chemin arrosé de sang innocent. Les plus faibles et sans défense comme nous, servons à ce qu'ils exercent les plus inimaginables sévices. Le souffle criminel effrené qui se développe en eux les convertit en des êtres destinés à rechercher leur propre destruction. Cette angoisse assassine qui domine la mentalité de la civilisation occidentale est incontrôlable. Ils ne se sont pas contentés de construire la route, à présent ils nous tuent avec leurs maladies, leurs armes et leur religion, leurs coutumes et leur langue. Mais, s'ils ont occupé nos territoires, ils n'ont cependant pas réussi à occuper nos cœurs. Ils ne pourront pas changer notre sang indigène. Jamais.

Mon père m'écoutait préoccupé, puis il me dit :

– Mon fils, tu veux abandonner notre famille ?

– Non, papa, jamais je ne vous abandonnerai ! Si je m'absente pendant quelques années, cela ne veut pas dire que je ne reviendrai plus. Non, papa, ce n'est pas ainsi que je pense. Mais si nous continuons ainsi, nous mourrons tous très rapidement de faim, de désolation, de tristesse, par la dégradation de notre vie.

Maintenant, nous vivons parmi eux. Nous sommes mêlés avec eux ! Nous mendions un morceau de pain dans leurs maisons ! Nous travaillons comme des esclaves dans leurs fermes ! Nous apprenons à manger de leur nourriture, nous portons les mêmes vêtements qu'ils nous ont vendus ! Tikemiki vit avec un colon dont elle a eu un enfant ! Cela me dégoûte vraiment, mais l'important est de continuer à vivre ! Bien qu'elle soit avec un colon, c'est une indigène miraña et je sais parfaitement qu'elle ne renoncera jamais à sa tribu, qu'elle ne pourra renier son sang ni ses origines. Elle sera toujours une femme miraña ! Car pour nous c'est ce qu'il y a de plus sacré !

– Fils, répondit mon père, aie un peu de patience. Je crois que nous partirons tous pour Leticia. Le moment n'est pas venu de nous séparer. Nous devons rester ensemble et qu'importe si nous vivons dans la ville des Blancs.

Sur un côté de la route, des missionnaires américains s'étaient installés et faisaient venir beaucoup d'indigènes pour célébrer les cultes de l'Eglise baptiste. En face, s'étaient implantés les missionnaires catalans qui invitaient également les indigènes à venir assister à la messe catholique.

Bientôt, à cause de la religion, commencèrent les persécutions contre les natifs. Nous ne fûmes pas admis dans l'unique école, qui appartenait aux catholiques, parce que nous étions amis des missionnaires baptistes.

Un jour, les autorités colombiennes arrivèrent pour célébrer une messe catholique. Ils rassemblèrent les Wuitotos, Boras, Muinanes, Mirañas, Ticunas etc., et leur dirent qu'il fallait que tous les habitants de cette région aient leurs papiers d'identité. Cela, sur ordre du gouvernement. Alors, les missionnaires catholiques en profitèrent pour nous baptiser et nous donner des noms chrétiens.

Ils nous mettaient de l'eau bénite sur la tête, hommes, femmes et enfants sans distinction. Puis ils nous inventaient des noms bizarres. C'est ainsi que peu à peu les missionnaires et les religieux procédèrent à un autre type d'extermination : en supprimant nos noms indigènes, ils effaçaient notre culture originale pour nous donner une croix à l'effigie d'un homme couronné d'épines, avec du sang sur le visage, cet homme appelé Jésus de Nazareth.

Cette image nous fascina car elle nous rappelait les centaines de milliers de visages indigènes torturés et ensanglantés. Nous nous laissâmes porter par notre sensibilité spirituelle et, sans rien comprendre à cet immense labyrinthe religieux, nous avons changé notre adoration pour notre mère la selva et notre Eglise aux arbres gigantesques, nous avons abandonné nos rites, danses et cérémonies, pour embrasser d'autres idoles et d'autres images de piété.

Nous découvrîmes une grande différence avec nos croyances et notre foi originelles en la Nature.

Nous conversions avec les esprits de la selva, dans notre propre langue et, à chaque fois, nous pouvions les « voir » et les « regarder » à travers le vent qui caressait nos visages, le murmure de chaque feuille verte, le mouvement des ailes des papillons, sur la couleur extraordinaire des pétales des fleurs ; nous les entendions à travers les chants des oiseaux, les cris des singes hurleurs, le stridulement des grillons et insectes de l'été, nous les sentions au plus profond de notre être comme cette respiration qui sortait du ventre de la selva, nous les sentions en chaque rayon de soleil qui faisait naître les fruits de la forêt, nous les sentions dans les rayons sacrés de la lune et la curieuse naissance des poissons, nous pouvions les « voir » par le mystérieux renouvellement du plumage des perroquets... Et toute cette énergie, cette vitalité visible à notre cœur, à notre esprit, était notre véritable religion.

Notre croyance et notre foi propres existaient depuis des millions d'années puisqu'elles étaient issues de la Nature elle-même, avec le Soleil, l'Eau, le Feu, la Terre et l'Air. Et cet « autre élément mystérieux » appartenait à notre monde indigène.

Les autorités nous donnèrent des papiers d'identité mais, délibérément, ne voulurent rien savoir pour nous délivrer des titres sur nos terres. Notre analphabétisme encourageait l'invasion progressive des nouveaux colons, des paysans des terres andines, ainsi que des bandits, des criminels en fuite – la scorie des grandes villes – qui prenaient par la force et avec une violence assassine ce qui toujours nous avait appartenu : la terre.

Les missionnaires m'inventent une nouvelle identité

Mes deux frères, ma sœur, ma mère, mon père et moi décidâmes de travailler à Leticia pour payer nos études. Notre chacra resta à l'abandon. Mon père construisit une petite maison en bois près de Leticia. Notre travail consistait à chercher du bois de chauffage pour le vendre au village. Les samedis et dimanches étaient consacrés à notre nouvelle chacra : nous y plantions notre jardin de yuca, de bananiers, d'ananas et d'ignames.

L'argent gagné par mon père nous permit de nous inscrire dans une école des pères franciscains, mais nous assistions toujours au culte baptiste. A l'opposé des curés espagnols très agressifs, les missionnaires américains étaient des gens pacifiques. Nous avions de la sympathie pour eux car ils ne cherchaient jamais de problèmes à personne, alors que les curés incitaient la population à jeter des pierres sur l'église baptiste, à brûler les bibles et insulter tous ceux qui assistaient au service dominical.

Le jour de notre inscription, les curés nous demandèrent nos actes de naissance et nous fûmes enregistrés ainsi : José demeura mon prénom chrétien, fils de José Mendoza et de Rosa Suarez et, pour mes frères, mon père choisit des noms bibliques : Josias, Joel, Jemimah, ma sœur et Josafath, pour le dernier. Au temps où nous endurâmes la faim et la misère dues à la destruction de nos malocas, de nos chacras et à l'expulsion de nos territoires de chasse et de pêche, mes deux premières petites sœurs étaient mortes : Joaida et Jinna.

Les curés nous interdirent d'assister aux cultes dominicaux dans l'église baptiste. Ils parvinrent ensuite à convaincre mon père et ma mère de se marier à l'église de Leticia. Ils les aidèrent à obtenir une carte d'identité et ils faisaient réciter dans notre cabane des prières, avec les images de la Sainte Famille : Joseph, la Vierge Marie et l'enfant Jésus.

Leticia, située au sud de la Colombie, dans le Trapèze amazonien, était alors la capitale du Commissariat spécial de l'Amazonie. L'économie de la ville reposait uniquement sur l'extraction des produits naturels de la forêt. A cette époque, elle comptait peu d'habitations, les principales étant : la caserne de l'armée et de la marine qui devint la Station navale, un modeste poste de police, la maison de la douane et une autre demeure qui servait de bureau à l'inspecteur de police et au maire (bien que Leticia n'ait pas encore été déclarée municipalité, on nommait ainsi le responsable de la ville). La population comptait quelque 3 500 personnes, des indigènes pour la plupart. Il y avait également une maison qui servait d'hôpital pour les premiers secours. Le bureau « Navenal » proposait un service de transport fluvial entre Leticia et Puerto Asis, sur le Putumayo. Les bateaux étaient à vapeur ; l'un se nommait *Cucuta* et l'autre *Nariño*, ils transportaient ciment, fer, farine, riz, haricots, maïs, avoine, beurre en boîte, ainsi que toutes sortes de conserves. Sans oublier des bouteilles de bière Bavaria et une grande quantité de boissons alcoolisées. Entre le fleuve Amazone et le fleuve Putumayo, de navigation difficile, les voyages duraient parfois deux mois. Cette communication fluviale s'est poursuivie jusqu'à nos jours, inaltérable, mais les bateaux se sont modernisés et ils doivent désormais faire escale en territoire brésilien, là où débouche le Putumayo, c'est-à-dire face à la ville de Santo Antonio do Iça (Solimoes en Amazonie brésilienne), à 150 km de Leticia.

L'éducation à Leticia était à la charge de la Préfecture apostolique, fondée par le missionnaire catalan, Mgr Marceliano Canyes Santacana. Dans les autres hameaux des affluents de l'Amazone, il y avait également des internats à la charge de la Mission catholique. Je me souviens des noms de certains prêtres : le père Javier, chargé de l'Internat de la Chorrea, hameau d'indigènes pour la plupart wuitotos, boras, mirañas, ocainas, muinanes, fugitifs de la Maison Arana, sur les rives du fleuve Igara-Parana, affluent du Putumayo ; le père Alberto de Cartagena, le père Romualdo de Palma et le père Torralba, qui travaillaient dans la Maison rurale et prêchaient en l'église de Notre-Dame-de-la-Paix, au centre de Leticia. Je me souviens également de quelques noms de missionnaires américains : le révérend Black, le révérend John et sa femme doña Maria (ils vivent et travaillent encore avec les indigènes ticunas de Bethania, sur le fleuve Iça, dans le Haut Solimôes, au Brésil). Mais les plus proches de nous étaient le révérend Orville Floden et son épouse, Mme Elena de Floden. Ils construisirent une maison de bois, très loin de l'église catholique, pour éviter les attaques des curés et autres paroissiens. Cette maison fut appelée Première Eglise baptiste de Leticia. Cette humble église en bois, construite en 1944, existe encore aujourd'hui. Le révérend Orville et sa femme, constatant qu'une fille de Tikemiki était sur le point de succomber à la dénutrition, décidèrent de l'adopter comme leur propre fille. Ils firent toutes les démarches nécessaires pour obtenir les papiers d'adoption puis ils l'emmenèrent aux Etats-Unis. C'est seulement lorsqu'elle eut dix-huit ans qu'ils la ramenèrent à Leticia pour qu'elle décidât elle-même du choix de sa nationalité : elle préféra rester nord-américaine. Le jour où je la rencontrai, nos yeux découvrirent que nous ne pouvions nous renier. Nous étions des indigènes, bien qu'elle ne parlât pas un mot en notre langue ni en espagnol. Et elle ne put s'empêcher de pleurer. Aujourd'hui nous savons que nous avons une « cousine » qui vit aux Etats-Unis.

Ensuite, devaient arriver d'autres missionnaires, comme les frères chrétiens de l'ordre religieux de Saint-Jean-Baptiste de La Salle. Ils construisirent de nouvelles écoles pour l'enseignement secondaire. L'une d'elles s'appela lycée La Salle et l'autre lycée Orellana (1960). À présent ce complexe scolaire se nomme Centre national intégré. Les religieux de l'ordre de La Salle et les franciscains ont remis l'éducation aux mains des autorités colombiennes et, aujourd'hui, il ne reste que les sœurs de l'ordre de Saint-Vincent de Paul, chargées de l'éducation des filles. Je garde en mémoire quelques noms des pères lassallistes : frère Camilo, directeur général des écoles primaires et secondaires de Leticia, frère Manuel, frère Fausto, frère Rafael – qui fonda la première opérette de la ville –, frère Ernesto, originaire de Tolima, département andin de Colombie, au très mauvais caractère, qui n'hésitait pas à utiliser les poings et les bâtons pour nous punir. Concernant mes camarades de classe, il y avait un copain d'origine wuitoto, appartenant à ces familles qui avaient été délogées comme nous à cause de la construction de la route. Il s'appelait Hermenegildo. Aujourd'hui, il vit loin de notre selva, dans la ville de Bogota. Parmi les indigènes wuitotos provenant de la zone routière, il y avait également Luciano Pérez, Segundo Pérez, tous deux fils de notre vieux camarade Alejandro Pérez, et qui vivent actuellement près de notre maison, à Leticia. Et un autre indigène d'origine wuitoto, Gilberto, fils de don Emilio, un ancien qui faisait partie de notre groupe. J'étudiai aussi avec Manuel Vargas, un Wuitoto qui vit aujourd'hui au bord de cette même route, juste au kilomètre onze, là où se dresse une maloca qui sert de centre de réunion pour le Conseil indigène wuitoto. Je me souviens encore des autres compagnons wuitotos de la famille du vieil Isidoro, aujourd'hui défunt. La plupart des indigènes wuitotos s'exilèrent, comme nous les Mirañas, vers la ville de Leticia. Cela pour de nombreuses raisons, dont la faim et la destruction de la forêt sur notre territoire. Mais tous continuèrent à cultiver leurs anciennes chacras : chaque famille possédait une petite parcelle et ils répartissaient leur temps entre leurs activités de travailleurs à Leticia et la culture de leur chacra d'où ils tiraient la part la plus importante de leur alimentation indigène (manioc, bananes, palmier, ignames, ananas et quelques fruits adaptés avec le temps).

Mon père obtint un emploi d'ouvrier dans la construction de l'aéroport de Leticia. Ensuite, il travailla dans une boulangerie où il apprit à faire du pain à la farine de froment, ce qui lui donna l'idée de construire près de chez nous un four d'argile fait de morceaux de briques ramassées dans les rues. Ainsi, nous nous mîmes à vendre du pain dans notre maison. Très souvent, nous sortions avec ma mère pour proposer ces pains de porte en porte.

Ces années représentèrent beaucoup de sacrifices pour ma mère, car ne sachant ni lire ni écrire, le monde qui nous environnait lui était incompréhensible, hostile, rempli d'injustices. Mais il n'existait pas d'autre solution. Alors, nous avons continué notre vie aux côtés de gens qui nous considéraient comme des « Indiens sauvages ». Le mot *Indien* avait valeur d'outrage, de mépris social. Lorsqu'ils nous insultaient à l'école, dans la rue, ils nous criaient : « Indiens ignorants ! » Cela est resté gravé pour toujours dans notre mémoire.

Je me souviens encore qu'en ce temps-là d'autres indigènes reçurent des noms chrétiens et furent baptisés. Parmi eux, Vicente Uterio et sa femme doña Zenobia, qui cultivaient dans leur chacra une énorme plantation de manioc et de bananiers. Ils avaient deux filles, Emma et Venancia. Nous assistions avec eux au culte de l'église baptiste de Leticia. Nous allions tous pieds nus car nous ne savions pas encore utiliser les chaussures. Nous parlions très mal l'espagnol et nous ne pouvions prononcer la lettre *l*. Par exemple, le mot *almacen* (épicerie), nous le prononcions *aramacé*. Ainsi, une grande partie de nos difficultés d'intégration sociale et culturelle à la société blanche était due à nos défauts de langage et de compréhension. De plus, le fait d'aller dévêtus était pour les Blancs une preuve flagrante de sauvagerie et d'ignorance, alors que pour nous, les indigènes, notre corps nu était aussi sain pour la morale et l'esprit que d'aller revêtus de soie, de tweed, ou de porter une cravate. Notre peau était le plus précieux et le plus bel ornement que la nature nous ait donnés. Les missionnaires et les professeurs se mirent à nous enseigner la honte de nos corps dénudés et profanèrent de la sorte le profond respect que nous portions à notre physique, détruisant l'innocence de la majeure partie de notre culture.

Un des vénérables guides spirituels de cette époque se nommait José Garcia et ses leçons laissèrent une marque si profonde que notre génération les garde encore en mémoire. Ce vieux sage et médecin de la selva vivait dans une maloca, qui existe toujours, au bord de la fameuse route, au niveau du kilomètre huit.

En réalité, il reste aujourd'hui très peu de Mirañas, Boras, Muinanes, Ocainas et la grande majorité des indigènes appartiennent à l'ethnie wuitoto, les Andoques ayant totalement disparu. C'est avec les Wuitotos que nous avons cohabité depuis notre enfance et une multitude de faits historiques et culturels nous unissent.

Ainsi, nous avons appris à manger quelques plats wuitotos tels que : le pain de manioc épais et collant, nommé « Yomeniko » en wuitoto, le « Iyico », plat composé de poisson pimenté, le bouillon de feuilles de manioc vert, « Zaibuke », le délicieux « Casaramani-amaiko », un piment noir très piquant, la cahuana ou sirop fabriqué avec le jus du fruit Umari, la poudre de coca verte, qui se traduit « Jibe-kuiro » en wuitoto, le plat « Dirikino » à base de fourmis au piment.

Nous avons également adopté de nombreuses coutumes et recettes des indigènes ticunas : la farine élaborée à partir du manioc amer vénéneux, dont ils extraient au préalable le liquide toxique au moyen d'appareils spéciaux, appelés « Tipiti ». Cette farine est l'aliment de base de toutes les générations ticunas. Ceux-ci nous ont appris à fabriquer la farine de « Tapioca » avec l'amidon de manioc doux. En échange, de nombreuses tribus ayant partagé avec nous l'espace réduit de cette région frontalière amazonienne ont fait leurs nos coutumes, mangeant le pain d'amidon frais de manioc, les énormes larves de coléoptères cachées dans l'écorce pulpeuse des palmiers de canangucho. Ces larves, qui portent les noms indigènes de « Mojojoy », et de « Suri » au Pérou, contiennent beaucoup de vitamines et sont d'une grande valeur nutritive. Je pourrais également ajouter l'influence de nos voisins brésiliens et péruviens. Les Brésiliens nous ont transmis des expressions « tupiguarani », des accentuations dues à la langue portugaise, des coutumes propres aux habitants de l'Amazonie brésilienne. Nos frères du Pérou nous ont également légué des termes en langue quechua*.

De même, les « Blancs civilisés » des villes voisines de Leticia intégrèrent quantité de nos coutumes et acceptèrent enfin de mettre sur leur table un grand nombre de nos produits. Aujourd'hui, nous pouvons voir, à l'intérieur de nombreuses écoles et résidences, de l'artisanat indigène utilisé comme décoration. Les étudiants ont, quant à eux, adopté le sac en fibres de palme ou cumare pour transporter leurs livres et cahiers, et les femmes blanches utilisent des balais fabriqués par les indigènes. Les Blancs emploient des médicaments et des remèdes que nous avons découverts et, à présent, ils « savent et comprennent » que nous aussi sommes des êtres humains, ayant les mêmes droits et dotés d'une âme comme la leur.

Peu à peu, le mot « indien » cesse d'être une grave insulte et l'on s'achemine lentement vers un changement de mentalité et vers la reconnaissance humaine. Méprisés durant des siècles, nous tentons aujourd'hui de nous relever avec fierté, de défendre l'honneur de nos familles cruellement sacrifiées. Nous émergeons avec courage des profonds décombres de notre passé et nous escaladons pas à pas la montagne de l'oubli. Nous gardons l'espoir de récupérer peu à peu les restes de nos grands-pères et familiers, dispersés et profanés par les machines modernes.

* Langue officielle de l'ancien empire inca appelée aussi « Runa Simi », « langue des êtres humains », aujourd'hui parlée par les populations andines du Pérou, d'Equateur et de Bolivie.

L'histoire de Leticia

Quelques années plus tard, à l'issue de ma quatrième année de secondaire, mes parents me dirent qu'il fallait que j'abandonne mes études car ils ne pouvaient plus payer les livres, trop chers pour les faibles revenus de mon père. Les missionnaires m'aidèrent à trouver un travail à Leticia et je me mis à vendre des pièces détachées pour moteurs de bateaux, dans le magasin du défunt don Alfonso Galindo, un marchand qui avait fait fortune à la ville.

Monsieur Galindo fut le premier commerçant à représenter la compagnie anglaise Steamship Booth Line (1890-1972) qui, avec ses cargos, assurait la liaison entre Liverpool et Leticia, pénétrant par le port de Belêm do Para (Etat de Para en Amazonie brésilienne), faisant escale à Manaus avant de gagner Leticia. Ces bateaux transportaient du ciment, de l'acier et des métaux pour la construction, des médicaments, des huiles végétales, de la graisse de porc, du jambon en conserve, des saucisses, du saumon en boîte, des vins, du zinc, des sacs de blé, du sucre, du sel, des vêtements pour hommes et pour femmes, du nylon pour filets, des moteurs hors-bord, des machines à coudre mécaniques Singer, des peintures Sherwin Williams... Ces bateaux – l'*Atahualpa*, le *Venimos*, le *Veloz* et le *Vamos* – étaient l'unique liaison avec les Etats-Unis et l'Europe. Je sus bien plus tard que les Anglais possédaient la meilleure flotte du monde, qu'ils connaissaient parfaitement le fleuve Amazone et qu'ils furent les associés de la Peruvian Amazon Company Limited, l'ancienne Maison Arana, à l'époque de l'exploitation du caoutchouc (1903-1915). A ce titre, et même si l'histoire officielle n'en fait pas mention, ils sont aussi impliqués dans le massacre des indigènes.

En 1968, commencèrent à arriver, depuis la ville de Manaus, à 1 300 km, des bateaux chargés de nouvelles marchandises. Manaus fut déclarée zone libre et Leticia connut un essor extraordinaire. Des Brésiliens et des Péruviens vinrent se mêler à sa faible population. Des couples mixtes se formèrent. Le portugais faisait partie de notre langue et les dialectes indigènes commencèrent à attirer l'attention de nombreux chercheurs de l'Institut linguistique d'été (*Instituto Linguistico de Verano)* originaire des Etats-Unis. A la ville, il est courant de parler espagnol, portugais, langue indigène et anglais.

Du Pérou, vinrent aussi des bateaux chargés d'articles de première nécessité, mais également de fusils de chasse Stevens, Winchester avec leurs cartouches Fanacasa, Remington, etc. Tous les indigènes mirent de l'argent de côté et la première chose qu'ils s'achetèrent fut un fusil « calibre 16 » ainsi désigné dans la tribu. Les Péruviens nous fournissaient en kérosène, en essence pour avions et pour moteurs hors-bord et en graisses et huiles industrielles. Depuis Iquitos située à quelque 400 km de Leticia, le voyage en bateau durait trois jours et jusqu'à Manaus, dix à quinze jours. La ville procurait à Leticia une grande quantité de matériel de constuction pour les habitations : du fer, de l'acier, des moteurs électriques, des scies à bois manuelles.

Dans la petite localité de Benjamin Constant, à 60 km de Leticia, de grandes scieries furent construites. C'est ainsi que commença la dévastation de toute la zone du fleuve Javari. Les cèdres, canneliers, muena, bois de rose, jacarandas, bois violets, les grands samaumas et les kapokiers géants furent abattus à une vitesse vertigineuse et l'on commença à exporter des milliers de tonnes de grumes depuis Benjamin Constant, port principal du fleuve Javari et affluent du Solimoes ou Amazone chez notre voisin brésilien. Encore aujourd'hui, vous pouvez y observer des milliers de troncs flottant sur le fleuve, face aux grandes scieries, prêts à être mis en pièces pour être expédiés vers le Mexique et les autres ports internationaux. Les arbres subissent le même sort dans les scieries frontalières du Pérou, plus précisément à Petropolis et à Islandia, également situés sur les rives du Javari, un grand bras de l'Amazone qui constitue une frontière naturelle entre le Brésil et le Pérou.

En fait, les Anglais causèrent la ruine de nombreux commerçants exportateurs de caoutchouc depuis Manaus vers les ports européens. Ils emportèrent des centaines de milliers de semences d'hévéa du Brésil et les replantèrent à Ceylan et dans différentes régions de Malaisie. Les graines d'hévéa une fois plantées à Ceylan et dans les îles de Malaisie, les cours et les prix de la tonne de caoutchouc chutèrent à Manaus. Celui de Malaisie était plus facile à extraire et son coût de production, beaucoup plus économique pour son exportation mondiale.

Une fois achevé l'aéroport de Leticia, nous, les indigènes, avons vu pour la première fois un avion des Blancs. Nous étions à la fois apeurés et émerveillés de découvrir que cet oiseau métallique volait et produisait un tel bruit dans le ciel. Ce fut pour nous un événement extraordinaire. Ces avions transportaient des produits nationaux depuis Bogota et ils entraînèrent les bateaux anglais à suspendre définitivement leur trafic vers Leticia. Nous cessâmes de consommer des marchandises étrangères et le gouvernement colombien s'efforça d'être plus vigilant quant à ses frontières en Amazonie.

Nous entrions dans une nouvelle ère, celle du commerce aérien. Leticia se vit à nouveau envahie par des colons nationaux fuyant la violence politique qui, depuis la mort du caudillo libéral Jorge Eliecer Gaitan en avril 1948, frappait le pays et faisait des milliers de victimes dans toute la Colombie.

La destruction de la forêt amazonienne dans cette zone frontière engendra le développement de nouvelles voies fluviales entre les villes de Belem do Para (Brésil), de Manaus, capitale de l'Etat brésilien d'Amazonas et premier port du fleuve Negro, de Benjamin Constant, de Leticia et d'Iquitos, port principal de l'Amazone au Pérou.

C'est vers ces ports qu'étaient tirés des milliers de troncs pour être chargés une fois traités dans de nouveaux cargos qui les transportaient vers différents ports internationaux. Le *boom du bois* avait commencé ! De nombreuses sociétés, des groupements étrangers et nationaux se constituèrent en moins d'une décennie. Les nouveaux millionnaires du bois se promenaient dans leur Ford à travers les rues de ces ports fluviaux. Du caoutchouc ils étaient passés aux grumes. Un grand nombre d'indigènes dans la misère et poussés par la faim se virent obligés de couper leurs arbres sacrés et de les vendre aux forestiers à des prix dérisoires, afin de ne pas laisser leurs enfants mourir de faim. C'était l'absurde dans l'absurde, le comble de tous les malheurs humains. Nous, les mêmes indigènes, en train de couper le corps, le cœur où vivaient nos dieux, où résidaient les esprits de nos ancêtres ! C'était horrible ! Un jour, je rencontrai un Indien ticuna du Pérou et lui demandai :

– Cousin, pourquoi coupes-tu avec ta hache cet arbre sacré ? Ignores-tu donc que tu seras châtié par les esprits de la selva ?

Le pauvre homme fut incapable de me répondre, il pencha la tête et commença à pleurer, puis une fois calmé, il me dit :

– Cousin, tu viens d'une autre tribu et tu ne comprends pas qu'il n'y a déjà plus rien à manger dans la selva. Il n'y a plus de poissons dans les fleuves ! Il n'y a plus ni fruits ni noix, ni amandes ! Les animaux ont été exterminés, alors comment vais-je nourrir mes enfants ? Je ne peux pas voir mes petits mourir de faim ! Ils ne sont pas coupables de ce que tous les hommes blancs ont détruit avec leurs machines !

Sur ces paroles simples mais chargées de signification, je pris ma décision.

Mes frères étaient déjà grands et ils aidaient nos parents. Ma sœur Jemimah faisait beaucoup de travaux à la maison et ma mère pouvait désormais reposer son corps fatigué. Josias, Joel et Josafath travaillaient aux côtés de mon père, le soulageant également dans son dur labeur.

Nous savions tous lire et écrire pour nous défendre face à la société blanche.

3

Sept ans au Brésil

Mon voyage sur l'Amazone et mon arrivée à Manaus

Un jour, alors que nous étions tous réunis, j'annonçai ma décision de voyager sur le fleuve Amazone. Je voulais non seulement connaître l'embouchure de cet immense fleuve, mais surtout rencontrer d'autres tribus et partager avec elles leurs connaissances de la selva.

Je ne possédais rien, je n'avais pas d'argent, mais j'étais jeune et mon sang bouillait de cette jeunesse. Je désirais trouver des réponses à tout ce qui se passait autour de moi. Dans ma tête apparaissaient des images de gens et de lieux différents et lointains. La meilleure façon de connaître quelque chose dans cette confusion, c'était de naviguer sur de nouveaux fleuves, pénétrer dans des hameaux indigènes et travailler comme « péon » (manœuvre) sur quelque embarcation destinée au commerce fluvial dans la région brésilienne.

Je rencontrai un monsieur, André da Rosa, qui cherchait un ouvrier indigène pour l'aider à charger et décharger des marchandises sur les fleuves Javari et Solimões. Lorsque je me présentai à lui, il me demanda si je parlais portugais. Je lui répondis que je n'en comprenais que quelques mots, puisque je vivais à la frontière de Tabatinga-Leticia.

– Ce n'est pas grave, jeune homme, me répondit-il. Le travail n'est pas très difficile à apprendre. Il s'agit de m'aider à vendre des marchandises : du fil de pêche, des hameçons, des filets, des machettes, des pioches, des pelles, des haches, des scies, des couteaux spéciaux pour saigner le caoutchouc, des moustiquaires, des hamacs, de la viande de bœuf séchée, c'est-à-dire le fameux « yava » consommé par les Brésiliens du Nordeste, des remèdes comme le *Liniment* contre les douleurs musculaires et rhumatismales, l'aspirine, le *Mejoral*, des pommades pour les infections et blessures, des purgatifs contre les parasites intestinaux, des aiguilles à coudre, du linge, des tissus, des boutons, des sandales, des miroirs, du rouge à lèvres, des parfums à l'eau de rose et des eaux de Cologne, des savons parfumés…

Le volubile André da Rosa me fut sympathique : de manières joviales, il n'était ni exigeant ni trop avare. Il me demanda mon âge.

– J'ai dix-neuf ans, monsieur. Je n'ai pas encore ma carte d'identité, car en Colombie, on ne nous la donne qu'à l'âge de vingt et un ans.

– Ne t'en fais pas, au Brésil, les indigènes n'ont pas besoin de papiers. Et comment t'appelles-tu ?

– Mon vrai nom est Jikiti, car c'est ainsi que l'on m'appela quand je suis né dans ma tribu, mais les prêtres catholiques m'ont baptisé José, lui expliquai-je.

– Et toi, comment veux-tu que je t'appelle ?

– Je préfère que l'on m'appelle par mon prénom indigène.

– Très bien, Jikiti, je t'appellerai par ton prénom indigène, cela me paraît correct. Cela fait des années que je travaille avec beaucoup de tribus, sur le fleuve Amazone et ses affluents, et je comprends bien la situation.

J'étais très content de pouvoir travailler aux côtés d'une personne qui changeait de l'idée que je me faisais de la plupart des Blancs rencontrés jusqu'alors. Ce Brésilien, né à São Paulo, me sembla un ami plus qu'un patron. Et, pour moi, une nouvelle vie commença.

L'embarcation de mon nouveau patron était assez vaste. Elle mesurait 25 m de long et environ 3,5 m de large et avait un pont supérieur, avec une grande cabine de deux lits et hamacs. La soute pouvait contenir jusqu'à douze tonnes de chargement. En haut, sur le pont du bateau à moteur (le moteur central était un Lester de 20 chevaux), on pouvait faire sécher du gibier de la forêt (comme de la viande de tapir) ou du poisson « pirarucu », une variété de poisson écailleux dont la chair a l'odeur de la morue et qui peut atteindre un poids de cent kilos. On prépare ce poisson en découpant sa chair en longs filets recouverts ensuite d'une épaisse couche de sel, puis on le met à sécher au soleil pendant deux semaines. Cette méthode permet de le conserver durant des mois.

Ce pont abritait également un poulailler servant à notre alimentation pendant les longues traversées.

Lors de notre première escale à Benjamin Constant pour faire des réserves en combustible, nous embarquâmes une jeune Brésilienne qui serait chargée de préparer les repas durant les voyages. Elle s'appelait Betty. Elle avait vingt-deux ans, le teint clair, les yeux noirs et un sourire communicatif. Elle aimait écouter de la musique à la radio et dansait tout le temps.

Nous partîmes donc en direction de Manaus. Nous naviguions à la faveur du courant, le bateau chargé de balles de caoutchouc, de balata et autres variétés d'hévéa. Nous transportions également des écorces de bois d'« arco » dont on extrayait une substance médécinale anticancéreuse dénommée « arcoline » par les pharmaciens. Il y avait de grandes quantités d'huile de copayer destinées à être vendues aux pharmacies du Brésil, de nombreux sacs remplis de noix du Brésil, très appréciées sur le marché des Etats-Unis, ainsi que des écorces rouges de l'arbre « chuchuhuaza » dont les indigènes tiraient une substance médicinale contre l'arthrite et les rhumatismes, des fèves de cacao pour faire des barres de chocolat, du « guarana » en poudre pour combattre les problèmes cardiaques, produit qui se trouve seulement dans certaines zones de la forêt du fleuve Noir (rio Negro) et spécialement dans la ville de Maués, baptisée la « terre du guarana ». Nous transportions aussi des sacs de farine de « mandioca » ou manioc, des bananes, des ananas, etc. Ces produits de la forêt et du fleuve étaient échangés par M. da Rosa avec les indigènes et riverains dans tous les lieux où nous accostions. Certains étaient de vieux habitués de ce système de troc très répandu dans les forêts bordant l'Amazone.

Chaque village – San Antonio do Iça, São Paulo de Olivença, Amatura, Toantins, Fonte Boa, Tefé, Codajaz, Coari, Manacapuru – me rapprochait de l'embouchure du grand fleuve Noir, connu sous l'expression populaire « rencontre avec les eaux » due à sa confluence spectaculaire avec l'Amazone. Pendant trois kilomètres, les eaux noires de ce fleuve et les eaux vertes agitées de l'Amazone ne se mélangent pas, puis l'Amazone sort enfin victorieuse de la densité, de l'acidité et de la tiédeur de son énorme affluent. Cette lutte entre deux titans aquatiques me fait penser à de monstrueux serpents s'entredévorant au cœur de la forêt sacrée.

Il était environ deux heures du matin, un jour de mai 1970, lorsque je distinguai de loin les lumières semblables à des vers luisants des grands édifices, des maisons et des milliers d'automobiles dont les faisceaux fugaces illuminaient l'aube obscure. C'était Manaus, sur la rive gauche du fleuve Noir.

Dans l'obscurité, don André m'ordonna de sauter à terre et d'amarrer le bateau à moteur, puis il me dit que nous devions attendre le jour pour décharger nos marchandises.

Betty dormait profondément dans son hamac. Elle non plus ne connaissait pas Manaus et c'était son premier voyage à la « Verte-Capi », comme l'appelaient ses habitants. A six heures, Betty nous prépara le déjeuner. Je portais toujours le même short, la même chemise à manches courtes tachée de résines et d'huile à moteur et je n'avais pas de chaussures.

Dans le port de Manaus, je me rendis compte qu'il y avait des centaines d'hommes comme moi, avec une vieille veste sur le dos, qui attendaient que quelqu'un les appelle pour décharger les bateaux. C'étaient des des « brazeros » (dockers).

Don André me demanda de décharger toutes les marchandises et de les déposer sur le bord pour que les camions les emportent à leur destination, en ville. Au bout d'une semaine de dur labeur, j'avais entièrement déchargé le bateau. Mes épaules étaient enflées et je suais abondamment ; dans cette région, il fait plus chaud qu'à Leticia. Don André signait des papiers et recevait des sommes importantes d'argent. Une fois ses affaires conclues, il m'ordonna de bien nettoyer le bateau, les premier et second ponts. Betty m'aida en passant la cire sur le plancher. Nous laissâmes l'embarcation comme neuve.

J'avais travaillé pendant quarante-cinq jours avec don André, et Betty me demanda à combien s'élevait ma paye.

– À vrai dire, je n'en sais rien, Betty.

– Nous sommes à égalité, Jikiti, me répondit-elle gênée.

– Il va peut-être nous donner un peu d'argent aujourd'hui.

– Je suis sûre que don André nous paiera ici, à Manaus. J'ai des parents qui vivent dans un quartier loin du centre. J'aimerais bien leur rendre visite et connaître aussi le centre de Manaus. Je n'ai jamais été dans une ville si grande et si jolie. Et toi, Jikiti, que penses-tu de toute cette aventure ?

– Je suis fasciné par tout ce que je vois ! C'est quelque chose d'incroyable ! Les gens ne marchent pas, ils courent. Ils vont tous vite et se croisent comme s'ils étaient des fourmis. Et ces milliers de voitures qui filent ! Quelle vie !

Quelques heures plus tard, arriva don André. Il était très content, parfumé, la barbe bien rasée, vêtu de nouveaux habits et coiffé d'un chapeau.

– Comment ça va, vous deux, hein ? Vous êtes contents ? Vous aimez Manaus ? C'est une très grande ville, n'est-ce pas ? Bon, comme vous ne connaissez pas, je vous conduirai d'abord chez moi dans ma voiture pour que vous voyiez ma famille, mon épouse, mes deux grandes filles qui ont quinze et dix-sept ans. Vous êtes mes seuls compagnons de voyage et durant tout ce temps vous avez travaillé très dur. Nous avons transporté beaucoup de marchandises. Et je les ai déjà toutes vendues. Les affaires marchent vraiment bien ! Je crois que vous m'avez porté chance. Les voyages ne sont jamais pareils, il y a des fois où je perds beaucoup d'argent, car les prix ne sont pas les mêmes à mon retour et je dois vendre à perte ! Mais, que voulez-vous, c'est la vie de commerçant !

Il s'assit à une table qui lui servait de bureau sur le bateau, ouvrit un tiroir et en sortit une liasse de billets. Il nous regarda en souriant. Puis il appela Betty :

– Mademoiselle Betty, asseyez-vous, s'il vous plaît. Vous avez travaillé le même nombre de jours que Jikiti, alors voici votre salaire : deux mille cruzeiros (l'équivalent de 2 000 F). Tous les deux, vous toucherez un salaire à la fin de chaque voyage. Toi et Jikiti, vous pourrez demander de l'argent quand les circonstances le permettront. Je tiendrai les comptes sur un livret spécial pour la paye des journaliers. Vous pourrez également demander du tissu, des habits ou des chaussures quand vous en aurez besoin. Cela vous sera décompté de votre salaire à chaque voyage. Un voyage dure de quarante-cinq à cinquante jours maximum. Si vous vous conduisez correctement, je saurai vous récompenser. Vous pouvez vous retirer, mademoiselle Betty.

Il m'appela aussitôt :

– Jikiti, viens et assieds-toi. Ton travail est assez dur mais il n'est pas dangereux. Le plus difficile est de charger les balles de caoutchouc sur le petit bateau. Elle pèsent très lourd, mais nous nous sommes entraidés et tu vois bien que tout a marché sans problème. Tu es jeune et fort ; j'imagine que quand tu étais petit, tes parents te faisaient couper des arbres dans la forêt, n'est-ce pas ?

– Oui patron, j'ai beaucoup aidé mes parents à couper du bois de chauffage pour le vendre au village. Mais, nous les indigènes, nous n'aimons pas couper les arbres sacrés. Pour nous, ils sont comme des frères, ce sont des enfants de la forêt sacrée.

Don André resta pensif. Puis il me tendit une liasse de billets – il y avait quatre mille cruzeiros ! Une véritable fortune ! Jamais je n'avais gagné autant d'argent !

A la fin de la matinée, nous montâmes dans la voiture de don André. C'était la première fois que je m'asseyais dans une automobile. En fermant la porte, je me coinçai la main gauche et lançai un cri de douleur. Betty était morte de rire ! Les édifices, les maisons, les rues et les gens défilaient à toute allure ; ils me faisaient tourner la tête, me donnaient le vertige et l'envie de vomir. Nous arrivâmes enfin devant la résidence de don André. C'était une maison en briques recouverte de tuiles blanches. Les fenêtres étaient protégées par des barreaux de fer compliqués. Derrière la maison, je remarquai un joli jardin fleuri avec des Heliconias, des bougainvillées, des roses, des hortensias, des glaïeuls. Comme toutes les maisons de l'ancienne Manaus, il y avait au premier étage un balcon et une terrasse de style portugais.

L'épouse de don André me parut gentille et charmante et leurs filles aimables et cultivées. La cadette s'appelait Fatima et l'aînée Yussarah. Cette dernière fut chargée de nous emmener promener dans les rues. J'avais très peur et pris la main de Betty. Chaque fois qu'une voiture approchait, je me cachais derrière elle. Alors que nous avancions vers un immense pont d'acier construit par les Anglais, je fus pris de panique, un tremblement terrible s'empara de mes jambes et je ne pus faire un pas de plus. Comme je ne parlais pas bien portugais, Betty expliqua à Yussarah que j'avais très peur, comme elle, de traverser cet immense pont. Yussarah, très compréhensive, nous dirigea vers d'autres rues. Au premier magasin de vêtements pour hommes, elle nous dit que je devrais m'acheter des chaussures, un pantalon, une chemise, du linge de corps, des brosses à dents, du dentifrice – je ne me lavais jamais les dents – des peignes – je ne me peignais jamais – des savons parfumés – je ne me lavais jamais avec ce type de produit – des ceintures de cuir pour remplacer le bout de corde qui maintenait mon short. Nous entrâmes ensuite dans un magasin qui occupait la place d'un pâté de maisons. Nous achetâmes tout le nécessaire et je dépensais environ 1 500 cruzeiros. Il m'en restait encore 2 500. Je pensais à ma famille et ma première idée fut de garder quelque chose pour ma mère.

Puis ce fut au tour de Betty. Yussarah me demanda de les attendre pendant qu'elle aidait Betty à s'acheter des « affaires de femme ».

Après tous ces achats, elle nous conduisit à un salon de coiffure pour hommes. Là, elle pria que l'on coupe mes cheveux longs qui me « donnaient l'aspect d'un homme des cavernes ». Après quoi, nous entrâmes dans un salon pour dames. J'attendis dehors, chargé de paquets… Betty sortit transformée ! Elle était très belle ! Je réalisais seulement maintenant que c'était une très jolie jeune fille. Comme elle était mignonne ! Alors, Yussarah héla un taxi. Quel drôle de nom portait cette voiture : taxi ! Ainsi commença mon apprentissage de la vie à Manaus.

Yussarah nous déposa devant l'embarcation et nous fit ses adieux en nous disant : « A la prochaine ! ».

Comme des fous nous nous sommes mis à déballer nos paquets. Betty alla se changer dans les toilettes. Elle mit sa nouvelle robe, ses chaussures, ses dessous et ses bijoux : des bracelets, des boucles d'oreilles et un soutien-gorge. Ce n'était plus la cuisinière que j'avais connue voici deux mois à Benjamin Constant. J'avais devant moi une jeune fille élégante, joyeuse et pleine de vie. Je me mis à sentir à son égard quelque chose d'étrange. Je ne savais pas ce qui m'arrivait ! Je n'avais jamais eu de relation amoureuse avec aucune femme ! A vingt ans j'étais encore puceau ! J'étais troublé par sa métamorphose.

– Que t'arrive-t-il, Jikiti ? Je ne suis pas bien ? Qu'est-ce qui ne va pas ?

– Non, Betty, tu es vraiment fantastique ! Mais si ! Tu es très belle ! Je te trouve magnifique ! Beaucoup d'hommes vont tomber amoureux ! Ces poudres que tu t'es mises sur le visage, plus la couleur douce que tu t'es passée sur les lèvres te donnent un aspect fascinant !

En fait, je ne trouvais pas mes mots pour faire des compliments à ma belle compagne de travail. Il était nécessaire de connaître beaucoup de tournures poétiques. Mais je n'étais qu'un porteur, un simple indigène chargeur de ballots.

Betty était si gaie ! Ses rêves commençaient à se réaliser !

– Change-toi, Jikiti ! Je veux voir comment te vont tes nouveaux habits.

Je me dévêtis sur-le-champ et enfilai mon premier pantalon, ici, dans la ville de Manaus ! Jusqu'alors mon père ne m'avait acheté que des shorts.

J'éprouvais une drôle d'impression. Toutes ces choses me gênaient ! Les chaussures me faisaient trébucher à chaque instant.

Betty poussa des exclamations admiratives : « Oh, oh, oh ! », maintenant tu es un garçon élégant ! Oh ! ces pantalons te vont très bien !

Mes pieds commençaient à me faire souffrir. Habitué à marcher pieds nus depuis des années dans la forêt, domestiquer mes pieds n'était pas très facile. Betty me passa du Lait de Roses, un parfum brésilien connu dans le monde entier. Quelle odeur agréable ! Vraiment, tout ce qui arrivait paraissait un rêve enchanteur ! Cependant, en dépit de mes nouveaux vêtements et de l'eau de Cologne, l'odeur de mes malocas mirañas m'accompagnait toujours. L'odeur de la forêt sacrée avait imprégné ma peau. C'était mon parfum naturel. Jamais je ne perdrais la fragance de ma forêt ! Je subissais seulement une transformation extérieure. Je n'avais déjà plus l'allure d'un homme de la selva. Betty me rappelait toujours de me laver les dents et de me peigner devant un grand miroir qu'elle avait acheté au marché aux puces, près du bateau. Sur ce marché à l'air libre, une foule de pêcheurs, agriculteurs, marchands et commerçants formaient le grand bazar populaire de Manaus. De là, je pouvais voir les arches ouvrant sur le Marché municipal construit à l'époque du caoutchouc sur le modèle des anciennes Halles de Paris.

Nous sommes restés deux semaines sans rien faire à Manaus. Betty et moi en avons profité pour découvrir une bonne partie de la ville. Quand nous nous éloignions, nous inscrivions le nom des rues pour ne pas nous perdre au retour. Nous n'étions pas capables de monter dans un autobus. Nous avions une de ces hontes ! Nous avions l'impression que tout le monde nous observait et se moquait de nous. Que nous étions idiots ! Au milieu de tous ces gens qui allaient pressés, il n'y avait bien sûr personne pour observer deux maladroits « riverains », ainsi que l'on désignait les personnes originaires des villages et hameaux. Un jour, nous allâmes visiter la cathédrale. Elle était si grande qu'elle occupait l'espace d'un pâté de maisons, en plein cœur de Manaus. Nous étions émerveillés de pénétrer dans un lieu aussi sacré. Des centaines de fidèles étaient agenouillés. Les femmes portaient des voiles noirs sur la tête. Elle faisaient glisser dans leurs mains les perles brillantes des rosaires. Chaque perle correspondait à une prière différente. Elles faisaient le signe de croix et baisaient l'image du Christ crucifié. Je fus très impressionné. Des images de mon Grand-Père-Connaisseur, Chijj-Kaa-Ba, surgissaient. Toute cette atmosphère qui régnait dans la cathédrale ressemblait aux moments étranges que j'avais vécus dans la forêt sacrée de mon grand-père. L'odeur d'encens ressemblait à celle de la « caraña » sylvestre. En voyant les belles peintures d'anges et d'apôtres, je ressentis une émotion immédiate, attiré par les visages, les figures célestes, les couleurs transparentes – un mélange de bleus, de rose, de jaunes et de blancs – qui rendaient les sourires des anges resplendissants et produisaient une agréable impression intérieure. Cela resta pour toujours gravé dans ma mémoire.

Ensuite, nous sortîmes vers une large avenue. Nous marchions sans savoir que nous étions dans la fameuse avenue Eduardo-Ribeiro menant au non moins fameux Théâtre Amazonas, c'est-à-dire l'Opéra de Manaus (1892-1896).

Enfin, je me retrouvai face au symbole de l'époque du caoutchouc, symbole de la richesse, du luxe débordant et de la folie des barons du latex, de la « seringa ». Des rayons lumineux jaillissaient de sa coupole recouverte d'une fine couche d'or. Ce bâtiment avait de merveilleuses proportions. L'Opéra de Manaus fut construit dans le pur style de la Belle Époque. Il était la parfaite incarnation de la prospérité démesurée qui régna durant la seconde moitié du XIXe siècle. Cet édifice avait une certaine ressemblance avec l'Opéra Garnier de Paris, et la place, à ses pieds, était couverte de dalles blanches et noires imitant la confluence du fleuve Noir et de l'Amazone. J'étais en arrêt devant ce monument, témoin d'une époque de sueur et de sang. Depuis les plus lointaines profondeurs de la selva commencèrent à défiler dans ma tête des milliers de cadavres, de corps mutilés sous la torture et les sanglantes bastonnades, des hommes, des femmes et des enfants indigènes au corps famélique, attachés comme des bêtes, les uns derrière les autres, formant une longue procession vers la mort. Mon esprit revivait ces jours et heures tragiques. Soudain, la place de l'Opéra ne fut plus qu'un immense incendie où flambaient des malocas, avec les corps brûlés vifs des Muinanes, Andoques, Ocainas, Wuitotos, Boras, Mirañas, Nonuyas et Rosigaros. La fumée noire qui se répandait à travers les arbres dégageait une odeur de chair humaine. Des cris de frayeur s'échappaient des gorges brûlées de milliers d'indigènes qui se tordaient au milieu des flammes de la mort. Je voyais les patrons du caoutchouc de la Maison Arana qui tiraient des coups de fusil contre ces êtres sans défense. Puis tout cessa. Un silence mauvais s'établit et je vis que tous ces êtres fantomatiques se mettaient en mouvement et avançaient muets pour pénétrer par la porte principale de l'Opéra de Manaus. Puis ce dernier disparut et il ne resta plus que le tas fumant des milliers de squelettes des indigènes massacrés. C'est ainsi qu'avait été construit ce monument. Avec la vie de milliers d'Indiens, de milliers d'êtres innocents. C'était le tribut irréparable arraché à la forêt amazonienne.

J'avais sous les yeux une première réponse à mon propre destin, à mon histoire solitaire. Je décidai alors de rester dans cette ville pour reconstituer une partie de l'extermination de ma tribu. Je devais lire toutes sortes d'ouvrages, rechercher les noms de tous les personnages à l'origine de son parcours mortel. Il me fallait inscrire dans plusieurs cahiers les dates et informations précises sur l'arrivée des Anglais, Français, Italiens, Allemands, Nord-Américains et Portugais qui laissèrent d'horribles marques dans notre histoire.

En tant qu'indigène miraña, je me sentais le devoir de lutter pour réunir une petite partie des réponses à mes questions. Ainsi, je ne laisserais pas dans l'oubli les conversations avec ma mère, ses larmes et ses sanglots douloureux, lorsqu'elle coupait « l'arbre qui pleure », je les sentais encore dans mon cœur, dans mon esprit, chaque jour avec plus de force. Jamais je ne serais heureux ! Ma vie était vouée à un renoncement total. J'étais très jeune et intrépide ; je jouissais d'une bonne santé et mon sang bouillait de rage et de douleur. J'étais conscient que j'allais souffrir dans cette grande ville populeuse. Je ne savais rien faire, mais j'étais éveillé et déterminé.

Sur le chemin du retour, j'étais plongé dans un abîme de préoccupations. Betty me posa des tas de questions auxquelles je ne pouvais répondre. Notre relation avait franchi les obstacles ethniques et nous avions dormi très souvent ensemble. Mais je n'étais pas l'homme de sa vie. En quelques instants, j'avais changé le cours de ma destinée. Sans rien demander à personne. J'étais seigneur et maître de mon futur. Je ne pouvais m'attacher Betty ni aucune autre femme. Je devais atteindre mon but. Je ne voulais pas me laisser emporter dans ce même tourbillon de l'ignorance soutenue et financée par une nouvelle génération de bourreaux. Ceux qui construisaient l'immense Transamazonienne, route de 6 000 kilomètres qui part de la côte Atlantique et coupe sauvagement la forêt vierge jusqu'à la frontière bolivienne, emportant des vies humaines, détruisant des foyers indigènes, anéantissant l'écosystème le plus vaste de notre planète.

Tous ces nouveaux constructeurs de barrages hydroélectriques, ces multinationales exploiteuses des richesses de la selva, tels le pétrole, le gaz naturel, le charbon, la bauxite, l'or, l'uranium, donnaient libre cours à une nouvelle destruction à grande échelle de notre forêt vierge. Le progrès de la civilisation occidentale pénétrait implacablement avec l'arme de l'argent. Une légion d'entreprises nord-américaines et européennes débarquait chez nous comme cela s'était produit voici un siècle avec les compagnies anglaises exploitant le caoutchouc. C'était le commencement d'une époque d'endettement majeur programmé méthodiquement par les pays riches pour plonger en quelques décennies à peine des millions de personnes dans la misère, l'analphabétisme, l'injustice sociale et la corruption politique. Le Brésil et presque tous les pays d'Amérique Latine avec leurs gouvernements corrompus couraient frénétiquement vers ce que l'on appelait le développement économique industriel. Une sorte de folie collective conduisait ces pays à vendre les richesses nationales et les vie humaines à des pays experts en industrie de l'esclavage, à des techniciens et banquiers experts dans l'attribution de millions de dollars en prêts et crédits, grâce auxquels ils achetaient la classe politique dirigeante et soutenaient leurs partis alliés, afin de piller toutes les richesses des pays d'Amérique latine, cent fois plus riches que lesdits pays occidentaux. Ces bourreaux modernes qui se cachaient derrière les bureaux de la Banque mondiale, de la Banque de développement inter-américain, du Fonds monétaire international, etc., savaient bien que ce système « d'aide financière » maintiendrait notre monde en esclavage, toujours plus pauvre, nous détruisant massivement à coups d'intérêts bancaires que nous ne pourrions jamais rembourser. La dette extérieure enflait monstrueusement sous le signe du dollar. Des décennies et des décennies passeraient. Et comme d'habitude, ils emporteraient tout ce qui nous appartenait, notre or, notre pétrole, nos minéraux, puis, comme si tout ce système de barbarie économique ne leur suffisait pas, ils s'empareraient de nos terres. Ce n'était pas nous qui élisions nos dirigeants, mais eux.

De nouveaux groupes de police furent créés, une nouvelle armée défilait non seulement dans les rues de Manaus, mais aussi dans celles de Buenos Aires, Panama City, Managua, Santo Domingo, Lima, Caracas, La Paz, Quito, Bogota, Asuncion, Montevideo, etc.

Un jour, don André revint à son embarcation. Je le saluai cordialement :

– Quelle surprise, Jikiti ! Tu as totalement changé ! Yussarah m'a dit qu'elle t'avait fait acheter de nouveaux vêtements et couper les cheveux. A présent tu es parfait ! Tu ne parais plus le même.

– Ce qui se passe, c'est que dans cette ville on ne peut pas circuler et vivre comme en forêt, lui répondis-je. Il fallait que je change d'aspect, mais cela ne veut pas dire que j'ai perdu mon identité indigène.

– Tu es un indigène fier de ta race, Jikiti ! Je m'en réjouis ! Certains renient leur origine, leur langue, leurs coutumes et vont jusqu'à se teindre les cheveux en roux ou en blond pour dire qu'ils ne sont pas indiens. Tu es différent, Jikiti. Il faut lutter pour ce que nous sommes même si la vie nous oblige à demeurer au sein d'un autre système et d'autres peuples.

Après cette brève conversation, j'annonçai à don André que je resterais à Manaus pendant quelque temps, car je désirais voyager jusqu'à l'embouchure de l'Amazone. Je voulais connaître l'océan Atlantique ainsi que d'autres villes, d'autres gens ; j'étais jeune et j'avais besoin d'expérimenter la vie en solitaire. Les Blancs n'étaient pas tous si mauvais ; je ne pouvais plus continuer à penser qu'ils étaient tous des bandits par nature. Il en existait encore quelques-uns qui respectaient les indigènes.

– Don André, je vous prie de me pardonner pour cette situation assez embarrassante. Vous êtes une personne de valeur et j'ai appris beaucoup de choses avec vous. Vous m'avez traité comme un être humain et m'avez donné du travail. En plus, vous m'avez très bien payé. Je ne voudrais pas que vous pensiez que je suis un ingrat. Ne le pensez pas, je vous en prie. Je ne suis pas ainsi, je vous l'assure. Quelque chose de très difficile à expliquer m'oblige à poursuivre ma route. C'est une assez longue histoire. Je voudrais juste que vous me compreniez.

– Je ne sais pas ce qu'il t'arrive, Jikiti, me répondit calmement don André. Je ne peux que te souhaiter bonne chance, et si un jour tu as besoin de travail, tu sais bien que tu as ta place ici, sur ce bateau.

Je m'étais épargné les adieux à Betty. Elle était partie rendre visite à sa famille. C'était mieux ainsi. Car je commençais à l'aimer plus que je ne l'avais imaginé au début. Je sus désormais que j'étais un type trop compliqué pour aimer et être aimé. Peut-être était-ce ma jeunesse indomptable, impertinente et audacieuse qui dirigeait ma marche.

La mine d'or

Une semaine plus tard, je me retrouvais en train de dormir sur des planches cassées que j'avais ramassées dans les ordures du port de Manaus. J'avais pris modèle sur les centaines d'hommes seuls, des manœuvres, comme moi. J'avais franchi un pas vers une douloureuse réalité, sans famille, sans argent, sans travail fixe, sans lieu où dormir ni où me reposer. Je me joignis à la masse suffocante des malheureux, des marginaux et des orphelins de la société qui ignoraient ce qu'étaient les paroles d'une mère ou d'un frère, d'un ami ; ils vivaient une autre vie, si l'on peut nommer ainsi ce genre de survie. C'était comme un cirque romain, où les plus sauvages l'emportaient. Et parfois le plus fort de ces gladiateurs mourait stupidement, vaincu par une charge trop lourde. Mais, pour ces dockers musclés, mourir de la sorte était une sorte d'honneur professionnel. On en parlait pendant des jours :

– Hé, l'Indien, me disaient-ils, t'as vu comment la charge a écrasé le colosse du groupe des « Yacaré » ? (nom local du caïman). Chaque groupe portait le surnom attribué à l'ouvrier le plus costaud, au « piao forte » qui savait à peine compter et organisait pourtant le chargement et le déchargement des bateaux.

Avec le temps, la vie avec mes nouveaux camarades de lutte se transforma peu à peu en une routine amère. Cependant, ce fut pour moi l'occasion d'apprendre à lire et parler le portugais des docks. Le travail m'endurcit physiquement et mentalement. Les bagarres étaient vives, mais encore personne n'utilisait des armes. La plupart des rixes étaient causées par une liqueur forte que l'on buvait dans les tavernes à proximité du port. Cet alcool de canne à sucre appelé « cachaza » venait de Belêm do Para. Deux gorgées suffisaient à vous faire tanguer. Dès la première rasade, j'eus l'impression que des braises ardentes me brûlaient l'intestin et je rendis tripes et boyaux. Mes compagnons de lutte le prirent calmement. Ils apportèrent une bouteille d'eau gazeuse Guarana Baré et la mélangèrent avec de la cachaza Santa Cruz, ainsi qu'un peu de miel puis ils me firent boire. Enfin ! s'exclamèrent-ils, « O Cara é um braceiro ! » Maintenant c'est un vrai docker !

Au bout de quelques mois la situation se dégrada soudain. Le quartier fut envahi de voleurs, de prostituées, et les dockers commencèrent à se tuer au poignard. Il ne s'écoulait pas une semaine sans qu'il n'y ait un mort. Je connus alors d'autres indigènes auxquels je me joignis. L'un d'eux s'appelait Tuchahua, nom d'une tribu qui a disparu à l'époque de la conquête espagnole. Ce mot signifie également « chef ».

– Cousin, me dit-il, moi je connais Belêm do Para, où tu veux aller. Je crois que nous pourrions travailler ensemble, réunir une certaine quantité d'argent et retourner dans nos familles.

– Très bien, lui répondis-je, nous partirons quand tu voudras ; cette vie ne me plaît pas du tout. Il faut que nous trouvions un travail moins dangereux.

Tuchahua savait parfaitement quels étaient les bateaux qui venaient de Belêm do Para. Nous nous mîmes à chercher un cargo qui avait besoin de main-d'œuvre pour charger et décharger les marchandises. Enfin, nous en trouvâmes un qui transportait des radios, des appareils électroménagers, des tissus et des chaussures. On nous embaucha et nous embarquâmes, chacun avec son sac de « yuta », une fibre tirée d'un végétal abondant dans ces régions. J'avais pour tout équipage mes vieux pantalons en loques et des chemises déchirées, une paire de chaussures usées et un hamac. J'avais gardé quelques cruzeiros pour les jours difficiles, lorsque la faim me tordait l'estomac. C'est seulement dans ces moments que je sortais mon porte-monnaie pour m'acheter un morceau de viande ou de poisson.

Tuchahua était mieux organisé que moi. C'était un « vieux » des docks. Il ne savait ni lire ni écrire et recherchait mon amitié car il s'était aperçu que j'écrivais et lisais couramment. Ainsi, quand on nous payait, je discutais toujours avec les patrons parce qu'ils ne nous donnaient pas la totalité de notre salaire. Je défendais donc le salaire de mon cousin indigène et tout marchait correctement.

Les bateaux qui naviguaient en direction de Belêm étaient plus hauts, la plupart avaient des coques métalliques et utilisaient des voiles comme pour les bateaux en mer.

Lorsque nous arrivâmes à Santarem, ville située face à l'embouchure du Tapajos, des dockers nous informèrent qu'ils avaient découvert beaucoup d'or dans la forêt.

Tuchahua, qui dirigeait notre expédition, me dit :

– Cousin, mieux vaut descendre ici. Nous allons sûrement trouver du travail pour continuer notre voyage. Mais je ne pense pas aller chercher de l'or, c'est trop dangereux.

Pendant mon séjour à Santarêm, je vis pour la première fois les Maisons de l'or, ces lieux où l'on achetait la poudre d'or et les pépites d'or brut. Santarêm, port principal de l'embouchure du Tapajos, est une belle ville de quelque 50 000 habitants et son économie repose sur l'exportation des noix du Brésil, des poissons, du bois, et sur l'exploitation de l'or. Le Tapajos a des eaux d'un vert transparent, des plages de sable argenté et une végétation riveraine, riche en essences telles que le quinquina, le « caboa », le cèdre, le cannelier, le bois de rose et le bois Brésil, qui a donné son nom à ce grand pays. Ce bois, d'une grande finesse, fut choisi pour faire le plancher de la grande salle rouge de l'Opéra de Manaus.

Tuchahua et moi, décidâmes de travailler séparément. Il resterait en ville, dans une entreprise exportatrice de noix du Brésil et attendrait mon retour des mines d'or, près d'Itaituba, village de « garimpeiros » (chercheurs d'or) construit sur les rives du Tapajos, situé à dix jours de bateau de Santarêm.

Après avoir parlé avec un des garimpeiros qui engageait des ouvriers pour travailler dans sa propre mine d'or (« garimpo »), nous tombâmes d'accord. Au bout d'une semaine de « recrutement », nous étions environ dix-huit ouvriers prêts à nous lancer dans l'aventure et dans la forêt du Tapajos. Chacun de nous disposait d'un hamac, d'une machette, d'un couteau, d'une pelle, d'un pic pour creuser la terre, d'un marteau pour casser des pierres, d'un quartz, d'un tamis pour laver l'or, d'un flacon en plastique pour garder les pépites, d'un sac en fibre de yuta où nous mettions tous nos outils, d'un short, d'une chemise et d'une poche en plastique pleine de tabac haché.

Après avoir navigué à travers la forêt sur une barque où tenaient à peine dix-huit personnes, nous arrivâmes dans une région accidentée, avec de petites montagnes d'environ cinq cents mètres de haut. Notre patron ordonna d'amarrer l'embarcation et nous dit de préparer nos affaires pour entreprendre une marche de trois jours, en emportant le moteur et la barque sur notre dos. C'était le premier signe de la vie misérable et de servitude qui nous attendait.

Personne ne se parlait. Personne ne disait mot. Nous étions une espèce surgie du désespoir, des brutes faisant route vers le pire des abrutissements. Nous gardions un silence qui nous oppressait le cœur. Mais ce silence était notre seul trésor commun. Il cachait nos ambitions, nos prières et nos malédictions. Une fois que tout fut prêt et emballé, le patron nous donna une heure pour manger « quelque chose ». Le repas consistait en une poignée de farine de manioc et une autre de chair de poisson en conserve. Ce serait désormais notre plat du midi et du soir pendant près de six mois. Avec un peu de farine de manioc et de l'eau du Tapajos, nous préparions une boisson sans aucun goût, appelée « shibé » en portugais. Dans toute l'Amazonie brésilienne, le shibé représente l'esclavage, la solitude, les peines et afflictions. Lorsque quelqu'un fait un commentaire sur le shibé au cours d'une réunion, tous se taisent, car cette boisson leur rappelle les souffrances horribles qu'ils ont endurées depuis la conquête espagnole et portugaise, pendant les époques de l'exploitation du caoutchouc, puis du « Sertão » (au nord-est du Brésil) et enfin des misérables chercheurs d'or. Notre patron était un méchant homme, originaire de l'Etat do Ceará dans le Nord-Est, et connu pour sa férocité implacable avec les ouvriers. Je m'aperçus, à son accent typique et son chapeau, que c'était un « arigo ». Il portait celui-ci en travers de la tête, comme le fameux bandit légendaire du Brésil appelé Cangaceiro. Je fus pris d'un léger sentiment de peur en voyant qu'il portait deux pistolets à la ceinture et un énorme poignard bien aiguisé, caractéristique des criminels de la forêt.

Après notre « repas », l'arigo nous rassembla et, son fouet de cuir à la main, nous annonça :

– « Caboclos » (métis), à partir d'aujourd'hui, il nous reste sept jours de marche pour arriver à notre campement. Vous devez porter cette barque sur votre dos et franchir ces collines afin de gagner du temps. Nous ne pouvons pas continuer par le Tapajos car mon terrain est situé derrière ces montagnes. Nous devons passer de l'autre côté avec la barque sur notre dos pour rejoindre un bras du fleuve Igaparé Mocorongo et gagner ainsi le Garimpo.

Sans perdre une minute ni rien demander, nous nous répartîmes en deux groupes : neuf hommes grimperaient une moitié de la montagne et, à l'aide de grosses cordes, tireraient la barque vers le sommet tandis que les autres la pousseraient depuis le bas. C'était un travail d'esclaves. Le patron lançait des cris et, à chaque cri, tous poussaient et tiraient la barque en rythme. Au bout de trois jours de cette corvée exténuante, nous fîmes enfin passer la barque sur l'autre rivière. Deux hommes périrent, victimes d'une chute de pierres. Ceux-ci n'eurent même pas droit à une sépulture. Ils restèrent là, aplatis, sous l'œil indifférent du patron. Les ordres étaient violents et devaient être exécutés sur-le-champ. L'embarcation alla rejoindre les eaux noires de l'Igarapé Mocorongo et nous navigâmes encore pendant quatre jours en direction du campement.

En mettant pied à terre nous vîmes des êtres squelettiques et faméliques qui déliraient, frappés de fièvre jaune, de paludisme, d'hépatite et de malnutrition. Leurs os saillaient sous leur peau flétrie. C'était un spectacle effroyable. Ils tendaient leurs mains, mendiant quelque chose à manger et le patron ordonna qu'on les écarte avec le fouet et en tirant des coups de pistolet. Les maisons où dormaient ces garimpeiros étaient de petites baraques recouvertes de palmes séchées. On appelait ces misérables masures du nom indigène de « tapiri » qui signifie « maison arboricole », en dialecte indigène.

Une observation attentive du campement me révéla la présence d'environ quatre-vingts hommes blancs et de quelques rares indigènes mundurukus qui servaient de guides et de porteurs de marchandises et aliments, entre l'Igarapé Mocorongo et les rives du Tapajos d'où nous étions venus. Je pouvais, pour la première fois, converser en portugais avec ces indigènes de la région proche d'Itaituba. Ils portaient encore des cicatrices rituelles sur leur visage, leurs bras et leurs jambes, chacune d'elles était peinte en noir, symbole de leur tribu. Seuls quatre indigènes étaient âgés d'une vingtaine d'années. Je voulus me joindre à eux mais le chef du campement me l'interdit, le doigt sur la gachette de son pistolet.

– Reste tranquille, l'Indien, me cria-t-il, c'est strictement interdit de se lier avec ces Indiens. Tu viens de Santarêm et tu connais beaucoup de choses ; je ne veux pas qu'ils apprennent ce que tu sais. Tu recevras une balle dans la tête si tu désobéis à mes ordres.

– Très bien, patron, lui répondis-je, tremblant de peur.

Les quatre indigènes m'observèrent et je pus lire dans leurs yeux et à travers leurs gestes comme un message muet de solidarité et d'amitié.

Alors, le chef de cette mine hurla aux nouveaux arrivés :

– Ici, il n'y a pas de loi. La Loi, c'est moi. Tout le monde doit m'obéir. Celui qui n'exécutera pas mes ordres ne partira pas vivant. Celui qui tentera de s'échapper sans avoir remboursé tout le matériel que je lui ai donné sera tué sur-le-champ. À partir d'aujourd'hui, vous travaillerez pour payer la pelle, le tamis, la hache, la machette, le tabac, le hamac que vous avez reçus avant de venir ici. Vous devrez tous rembourser en grammes d'or. Ici, on n'utilise pas d'argent. On n'accepte ni monnaie ni billets de banque. Tout se paie en or pur. Celui qui a de l'or peut s'acheter à manger et continuer à travailler. Celui qui n'a pas d'or peut mourir de faim car on ne lui donnera absolument rien. Ici, il est interdit de voler, de boire de l'alcool, de prendre des drogues, de se livrer à l'homosexualité et on ne doit pas travailler sur un autre terrain que celui que l'on va vous attribuer. Toute personne qui sera employée ici ne pourra sortir ni entrer sans mon autorisation. Nous sommes cinq frères qui contrôlons tout ce secteur, mais c'est moi qui commande !

Je compris qu'il s'agissait d'un code établi par tous les patrons des mines d'or dans l'ensemble de l'Amazonie brésilienne.

Il attribua à chacun un terrain de quatre mètres carrés. Nous ne devions pas empiéter d'un centimètre sur celui du voisin. Si quelqu'un commettait cette grave faute, le voisin avait tout à fait le droit de le tuer. Chaque pouce de terre était sacré, car susceptible de contenir de l'or.

Le premier jour, j'eus beaucoup de chance. Au cours de ma première recherche, je trouvai à un mètre de profondeur de la terre argileuse mêlée à des pépites. Il y avait beaucoup de pierres à cristaux et à quartz contenant des brins d'or. À l'aide de mon marteau je brisai ces pierres et pus en extraire les fins filaments d'or étincelants et de bonne qualité. Avec le temps, je pus me lier d'amitié avec l'un des hommes blancs qui n'avait pas la même chance que moi, vu que son terrain avait à peine produit 28 grammes d'or en deux mois. Je pus donc rembourser la totalité de mon matériel, et après cela, je me retrouvai à nouveau sans un gramme d'or. J'avais appris au cours de nos rares discussions qu'il existait d'autres terrains aurifères, plus loin dans la forêt, sans chefs ni patrons. Mais les autres chercheurs d'or avaient très peur de pénétrer tout seuls dans la forêt vierge : des rumeurs couraient sur des criminels qui gagnaient leur vie en assassinant les garimpeiros solitaires.

Une nuit, quelqu'un introduisit dans le camp une caisse de bouteilles d'eau-de-vie de canne à sucre, la fameuse « cachaça ». Un des vieux garimpeiros commença à boire et, au beau milieu de sa cuite, devenu fou, il cria : « Je veux une femme ! Je veux une femme ! » L'alcool l'avait complètement sonné. Arriva aussitôt le maître de la mine qui, sans dire un mot, le cribla de balles. L'homme resta étendu là, devant nous, baignant dans une flaque de sang. Alors, le patron donna l'ordre de l'enterrer avec tout son or contenu dans un flacon qu'il portait accroché à son cou. Telle était la loi du Garimpo. Puis, tous ensemble, nous regagnâmes nos baraques.

Trois jours plus tard, cinq garimpeiros furent tués parce qu'ils possédaient un terrain bourré d'or. Nous pouvions mourir à tout instant. Mes compagnons s'étaient déjà tous acheté un revolver de marque « Tauro », de fabrication brésilienne, plutôt dans le but d'attaquer ceux qui possédaient de l'or que dans celui de se défendre. Comme certains savaient que j'avais environ 300 grammes d'or dans le flacon que je portais en collier, je pensais que tôt ou tard ils me tueraient au moindre signe d'inattention pour me voler. Je décidai donc de m'acheter un Tauro de calibre 32 à canon court, léger et facile à porter à la ceinture. Je payai cent grammes d'or au patron qui, ici, était le seul à vendre toutes sortes d'armes. Je donnai également cent grammes d'or à mon voisin pour qu'il m'apprenne à manier cette arme inconnue. Le revolver à la ceinture, je travaillais en restant sur mes gardes. Chaque minute de vie était précieuse.

Un jour, le patron annonça l'arrivée de prostituées en provenance d'Itaituba. Ce fut l'occasion d'un violent remue-ménage chez les garimpeiros qui avaient passé plus d'un an sans voir de femme. C'étaient quatre blanches, entre vingt-cinq et quarante ans. Le jour, il était permis d'entrer en contact avec elles. Les plus jeunes prenaient six grammes d'or par homme sollicitant leurs « services » et les autres seulement la moitié. Mais le côté le plus sordide de cette transaction, de cette « vente de chair humaine », c'était de voir se former la file des hommes qui attendaient l'un derrière l'autre, comme s'ils s'apprêtaient à acheter un produit quelconque au marché. Les femmes étaient étendues à même le sol sur des feuilles vertes qui leur servaient de matelas. Elles recevaient l'or qu'elles pesaient sur une petite balance portative, puis elles supportaient les souillures de ces bêtes humaines sans dire un mot. L'or les avait immunisées contre toute décence et tout sens moral. Je les vis dénudées, les jambes ouvertes, les cheveux en bataille, telles des sorcières au cours d'un sabbat. Leurs seins étaient tachés de sang à force d'être mordillés par les bêtes humaines, mais elles ne sentaient plus ni la douleur ni les peines. Ce spectacle effroyable me donna une terrible nausée et je partis en courant vomir dans la selva.

Chaque jour qui passait renforçait mon mauvais pressentiment, car mon terrain s'était révélé très productif en pépites d'or, en « faisca de oro », en quartz, cristaux de roche, etc. Je me mis à travailler lentement, je donnais l'impression d'être contrarié et, lorsque l'on me demandait si j'avais extrait un bon pesant d'or, je répondais sur un ton de tristesse feinte :

– Non, camarades, mon terrain a reçu la malédiction du Diable, il ne me donne même pas un gramme par jour !

Alors, ils cessaient tous de me surveiller puisque ma situation ne les intéressait pas.

Un jour, alors que j'étais en train de creuser au pied d'un grand arbre mata-mata, quelle ne fut pas ma surprise de découvrir, en soulevant la grosse racine, une boule de la taille d'une goyave, couverte de terre et d'argile jaune qui, une fois nettoyée avec mon couteau, lançait des éclairs jaunes étincelants ! C'était une énorme pépite d'or qui brillait sous les rayons du soleil ! J'avais trouvé l'une des pépites les plus impressionnantes du campement ! Je la pris dans mes mains et la soupesai : elle devait faire entre quatre cents et cinq cents grammes, une fois débarrassée du sable qui s'était incrusté à la surface durant des milliers d'années. Je demeurai pensif et je n'eus plus qu'une idée en tête : cette découverte signait ma sentence de mort. Si quelqu'un en avait connaissance, j'étais un homme mort. Il valait mieux garder le silence. J'introduisis la boule d'or dans un trou profond creusé dans la terre.

Cinq mois s'étaient écoulés et un grand nombre de mes camarades étaient morts soit de faim et de malaria, soit assassinés.

Je décidai de payer ma cote au maître de la mine. Ensuite, je commençai à préparer ma fuite vers la selva inconnue. Je passais trois semaines à examiner la distance du camp au hameau de la tribu Munduruku, en amont du Tapajos. Je ne pouvais m'échapper par l'Igarapé Mocorongo, car ce fleuve était surveillé par les frères du patron et, plus loin, se trouvaient les bandes de criminels qui guettaient le départ des chercheurs d'or pour les tuer. Pour moi, l'unique solution était de marcher dans la selva durant la nuit et, si j'avais de la chance, je pourrais arriver au village de la tribu Munduruku. Cette marche nocturne ne me posait aucun problème. Habitué à vivre dans la forêt dense, je pouvais voir dans l'obscurité, et cette solution serait la moins dangereuse. Je n'avais pas besoin d'emporter de la nourriture, car je mangerais des fruits de la selva, des racines et des feuilles comestibles. Je n'avais pas besoin de vêtements car j'étais toujours allé nu. Je n'avais pas besoin de chaussures car la corne de mes pieds étaient ma meilleure protection. Je n'avais pas besoin de boussole car la lumière du Soleil, de la Lune et le courant des eaux me guideraient vers ma destinée. J'étais un indigène miraña, un prince de la selva. Un guerrier. Un initié au savoir de mon grand-père Chijj-Kaa-Ba. Je n'avais pas peur de marcher dans la selva, mon foyer.

Après avoir réglé ma cote au patron du gisement, je décidai d'attendre une nuit sans lune pour m'enfuir du camp. Je savais que j'étais en train de jouer ma vie, mais il n'existait pas d'autre solution pour échapper à cet enfer doré. Si je devais mourir, ce serait en luttant. Je préparai mon Tauro calibre 32, ma machette, mon couteau, un peu de tabac haché, des allumettes, quelques petits hameçons pour la pêche, mon collier avec son flacon contenant cent vingt grammes d'or. Quant à l'énorme pépite, je la cachai dans une coquille de noix de la forêt. Dans le cas où l'on m'attaquerait, j'avais la possibilité de remettre le flacon en échange de ma vie et de garder ainsi la grosse pépite.

À la seconde nuit sans lune, je me mis en route sous une pluie torrentielle qui me favorisait et je rampai tel un serpent vers l'orée de la forêt. Personne ne s'aperçut de ma fuite ; accompagnant les coups de tonnerre, les éclairs illuminaient les ombres grotesques à travers les trombes d'eau de l'orage qui secouait la selva. Je courus durant toute la nuit au milieu de la jungle. Je me souvins de la fuite de ma mère et de sa course pour la vie, au temps de l'exploitation du caoutchouc. Notre sort était similaire. Des indigènes fuyant la civilisation blanche. Rien n'a changé. Tout demeure égal.

Après cette course nocturne, protégé par la pluie et l'obscurité, je m'arrêtai et écoutai le chant des toucans, les cris des singes hurleurs et des millions d'insectes annonçant un jour nouveau. Je grimpai dans un arbre aux grosses branches et me construisis un « lit arboricole » pour dormir et me reposer. Je devais reprendre des forces, m'orienter et chercher un quelconque ruisseau pour suivre le courant de ses eaux. Bientôt des vapeurs s'élevèrent du sol humide de la jungle et je sus que les premiers rayons du soleil pénétraient timidement à travers le feuillage dense. Vers onze heures du matin le soleil illuminait les broméliacées, les catleyas et les palmes, et leurs feuilles multicolores se mirent à vibrer de tout leur éclat, tels les vitraux magiques d'une cathédrale. Quel spectacle hallucinant offrait la selva !

À la fin du quatrième jour, je m'estimai en sécurité, assez loin des bandes de criminels et du patron de la mine d'or. Je pouvais désormais marcher le jour et dormir la nuit. J'avançais lentement, observant le ciel et cherchant des traces d'espérances. Je me nourrissais de la chair des grenouilles qui vivaient en abondance sous le feuillage des borméliacées, je mangeais des fourmis « fessues », des larves de vers palmistes, des scarabées et des fruits de cacao sylvestre. J'évitais à tout prix de faire du feu et de fumer. La fumée du tabac et l'odeur de bois brûlé auraient dénoncé ma présence en quelques minutes. Alors je mangeais tout cru. De cela dépendait ma vie. Un jour, je tombai sur une cohorte d'énormes fourmis Congas ; ces fourmis noires, venimeuses et carnivores, ont une bouche munie de grandes tenailles et d'un long aiguillon qui leur sert à inoculer le venin à leurs victimes. Avec leurs tenailles, elles cisaillaient la peau et la chair de leurs proies qui mouraient sous l'effet de leurs piqûres. Un grand nombre de chercheurs d'or avaient été victimes de ces fourmis venimeuses, durant les cuites où ils dormaient perdus dans la jungle. Mes nerfs se crispèrent, mon corps et mon esprit en état d'alerte, je sortis mon revolver et ouvris rapidement la gâchette. Quelque pressentiment lié à ma condition d'Indien guerrier m'incita à la prudence et au calme. Mon revolver prêt à tirer, je suivis la multitude de fourmis noires qui cheminaient en direction d'une source de clarté au sein de la dense forêt. Pendant une heure je suivis les congas jusqu'à ce que je sente une odeur nauséabonde. Dans une clairière, plusieurs corps humains mutilés, éparpillés sur le sol, achevaient de se décomposer. De leur visage il ne restait que quelques lambeaux de chair. Je trouvai partout les colliers avec les flacons vidés de leur or. C'étaient des garimpeiros tués par les voleurs. Les fourmis carnivores dévoraient les restes de charogne, ceux que les jaguars n'avaient pas déchiquetés.

D'après les empreintes de bottes que les bandits avaient laissées sur le lieu du crime, je calculai qu'ils avaient été assassinés depuis trois à quatre semaines.

Après cette macabre trouvaille, je décidai de me remettre en route pendant la nuit et dans la direction opposée aux empreintes des assassins. Au neuvième jour de ma pénible marche solitaire, j'entendis le chant de « l'oiseau d'eau ». Je soupirai de joie car ce cri m'indiquait la présence d'un fleuve ou d'une rivière et donc mon salut. Je ramassai une bonne quantité de feuilles lumineuses de la selva et, guidé par le faisceau de lumière de cette torche improvisée, je poursuivis mon chemin en direction de l'Oiseau Sacré.

Il était environ dix heures du soir quand je perçus le murmure sonore des eaux d'un ruisseau. J'étais enfin arrivé au terme de ma fuite. Je cherchai un arbre aux larges branches et y grimpai pour passer la nuit. Je m'éveillai au son des grillons et des singes hurleurs qui sautaient sur les hautes branches des surbas. Je descendis rapidement de l'arbre puis me dirigeai vers un ondoiement qui me révéla le miroitement des eaux d'un ruisseau. Sans perdre de temps, je cherchai un palmier pansu, connu sous le nom de Hua-cara-pona et dont le tronc porte en son milieu un énorme renflement caractéristique. Cette protubérance sert à la construction des canots indigènes. Au bout de quelques heures de travail, j'avais une magnifique embarcation. J'utilisai le cœur du palmier pour m'alimenter.

Je fabriquai une rame et fis glisser ma barque sur les eaux écumeuses du fleuve de l'Oiseau Sacré, comme je l'avais baptisé. Je ramai en cadence et le bruit des eaux cristallines de ce beau ruisseau me procura de nouvelles espérances.

La rivière s'élargissait au fil des heures et, soudain, la fatigue accumulée et la lassitude due à la tension nerveuse – que j'avais éprouvée pendant plus de onze jours et onze nuits – eurent raison de moi et le sommeil s'empara de mon corps affaibli. Je ne sais combien de temps je dormis ; le courant m'avait emporté vers le bord d'une chute et lorque je voulus ramer pour l'éviter, il était déjà trop tard. Je m'enfonçai dans un bruit assourdissant et fis un saut spectaculaire. Lorsque j'émergeai, mon sac, où était rangée l'énorme pépite d'or, avait disparu. Le canot s'était brisé contre les rochers et il ne me restait que le revolver attaché à ma ceinture. Malgré tout, j'étais heureux car je n'avais aucune égratignure. La chance restait avec moi. La vie était le trésor le plus précieux. Comme les eaux étaient transparentes, je me mis à rechercher mon sac autour des chutes.

Pendant deux jours, je plongeais pour récupérer mon bien. D'abord, je trouvai ma machette, ce qui me permit de situer l'endroit où était tombé mon sac. Ensuite, après d'innombrables tentatives, je butai sur lui, le repêchai au fond de l'eau, l'attachai à ma ceinture puis nageai vers la surface. La noix où j'avais caché la pépite était toujours là. J'avais vraiment de la chance. Mais, au fond de moi, dans mon cœur et mon esprit, je savais que ce n'était pas simplement de la chance, c'était « quelque chose d'autre ».

À la tombée du jour, je vis arriver deux jolies indigènes d'environ dix-sept ans. Elles étaient complétement nues et portaient sur leur front un fin diadème entrelacé de minuscules éclats d'or ainsi que des bracelets assortis. Leurs colliers avaient été fabriqués avec les cristaux aurifères et, à leur ceinture, brillait également une cordelette décorée de pépites. Se baignant dans les eaux transparentes du fleuve, ces belles filles jouaient avec l'écume blanche et, lorsqu'elles couraient l'une derrière l'autre, leurs seins tremblaient délicieusement. Comme ils étaient jolis, ces seins ! Leurs rires découvraient des dents blanches, brillantes et régulières. Leurs cheveux lisses et noirs prenaient au contact de l'eau des reflets bleu-argent. Leur peau cannelle était immaculée. J'étais en extase devant une telle beauté, pure et innocente. Sous le nombril, je pouvais observer leur ventre plat et leur pubis imberbe, qui laissait à découvert la fente profonde de leur sexe.

J'avais terriblement envie de courir les saluer, mais la prudence m'invita à réfléchir : je devais rester calme et dominer mes émotions. La précipitation pourrait me causer de graves problèmes avec la tribu que je ne connaissais pas encore. Je me cachai derrière des pierres et attendis que les jeunes filles soient parties. Une fois assuré qu'elles avaient regagné leur village, je me mis à creuser un trou où je cachai mon revolver, ma machette et mon couteau. Le lendemain, je mis le tabac à sécher au soleil. Ce serait mon cadeau au chef de la tribu. Le tabac était rare dans ces régions. Ainsi, je pourrais faire amitié avec la tribu. Plutôt mourir aux mains de ces indigènes qu'être assassiné par les bandits.

Le jour suivant, je revins au même endroit. J'avais recueilli du miel d'abeilles pour le leur offrir. Quand les deux jeunes filles arrivèrent enfin en courant, j'attendis qu'elles soient dans l'eau pour me montrer. Je m'approchai timidement et l'une d'elles resta paralysée de peur en découvrant ma présence. L'autre poussa un cri étouffé mais ne bougea pas. Elles restaient muettes et immobiles. Arrivé à deux mètres, j'offris le miel. Mais je le tendais à une seule, comme pour lui signifier : « C'est toi que j'ai choisie ». La jeune fille attira lentement ma main et prit le petit pot de cire où j'avais recueilli le miel. Ces quelques secondes duraient une éternité ! Je me risquai enfin à parler en portugais et leur dis :

– S'il vous plaît, emmenez-moi auprès de votre chef, j'ai besoin d'aide.

Celle qui reçut le miel étudia mon regard ; elle m'observait et essayait de découvrir mes intentions. Elle examina ma nudité et découvrit sur mon dos les cicatrices de ma tribu miraña. Elle fit alors une remarque à l'oreille de son amie puis me demanda dans un mauvais portugais :

– Tu es indien ?

– Je suis un Indien miraña, ma tribu s'appelle Miraña, je suis ici parce que je me suis enfui d'une mine d'or des Blancs. Je veux rentrer à Santarêm par le Tapajos. J'ai seulement besoin d'une barque. S'il te plaît, conduis-moi à ton village.

Alors, sûres que j'étais un Indien, elles décidèrent de me guider vers leur chef.

Lorsque nous arrivâmes, toute la tribu sortit à notre avance. Les guerriers m'encerclèrent, armés d'énormes et lourdes massues. D'autres avaient des arcs et des flèches empoisonnées ainsi que des lances à la pointe enduite de venin. J'étais tétanisé par leurs regards agressifs. Enfin, le chef s'approcha et m'ordonna de me retourner pour examiner mon dos. Quand il vit les cicatrices et les vieilles traces de peinture en forme d'insecte, il demanda à ses guerriers de se retirer. Je restai seul face à lui. Après m'avoir longuement observé, il me dit sur un ton autoritaire :

– À quelle tribu appartiens-tu ? Comment es-tu arrivé ici et que fais-tu sur notre territoire ?

Cet homme très robuste, à la corpulence d'un taureau, mesurait plus d'un mètre quatre-vingts. Ses bras révélaient d'énormes boules de muscles, ses jambes étaient deux masses soutenant son corps pesant de guerrier. Il tenait dans la main droite un mince bâton taillé dans un bois que je ne connaissais pas. Sa tête était ornée d'une grande couronne de plumes d'aras, rouges, vertes et bleues. Son collier était en or massif et il portait au milieu du torse une profonde cicatrice, symbole de son rang. C'était un homme impressionnant.

Sans précipitation, je répondis avec fierté :

– Grand Chef, je suis un Indien miraña, ma tribu se trouve en amont du Japura, sur le Caqueta. Je suis ici parce que je me suis enfui d'une mine d'or appartenant à des Blancs criminels. Je veux te remercier pour m'avoir permis d'entrer dans ton village. Reçois ce tabac en signe de gratitude.

Le chef demanda à l'un de ses gardes de prendre le tabac haché.

Ensuite, il ouvrit la poche et en respira avidement le contenu. Satisfait, il me sourit et ordonna que l'on m'apporte à boire et à manger.

Grand Esprit ! Enfin, j'étais sauvé. Les Munduruku étaient mes sauveurs. Ils dansèrent de joie pendant la nuit et m'offrirent pour compagnie la jeune fille qui avait accepté le miel. Elle voulait que je reste dans sa tribu, mais je devais suivre mon étoile. Les astres me montraient le chemin.

Le jour suivant, plusieurs guerriers m'accompagnèrent dans leurs canots jusqu'au fleuve Tapajos. J'avais eu le temps de déterrer en cachette mon matériel et la pépite dans sa coquille de noix. Le chef m'offrit environ cent grammes d'or, suffisamment pour payer mon voyage et ma nourriture jusqu'à Santarêm. Jumm-na, la jeune Munduruku avec laquelle j'avais passé la nuit, m'offrit aussi cent grammes d'or et le collier en or que je porte encore aujourd'hui. Les guerriers me dirent adieu et je me retrouvai bientôt naviguant sur un nouveau canot. Dix jours passèrent et je touchai enfin « la ville des Mocorongos », le nom local de Santarêm.

C'est là que, au cours d'une rixe, je perdis mon or et me retrouvai dans une situation précaire. Je partis désespérément à la recherche de mon ami Tuchahua. Et quand je le trouvai, nous avions tous deux le même aspect triste et misérable.

La mine de bauxite

Je racontais à Tachahua ce qui m'était arrivé.

– Puisque nous sommes ici, nous n'avons pas le choix, enchaîna-t-il aussitôt. Il ne nous reste plus qu'à aller travailler dans les mines.

Sans plus attendre – la faim et les difficultés étaient mauvaises conseillères – nous prîmes une autre embarcation en direction du fleuve Trombetas, un affluent de l'Amazone. Nous allions remonter à nouveau le courant de cet immense fleuve.

Notre voyage vers l'embouchure de l'Amazone avait été remis à plus tard. Une panne nous obligea à accoster dans le port d'Obidos. Ce village est situé sur les rives de l'Amazone, à l'endroit le plus étroit et le plus profond de son cours, quatre-vingt-dix mètres, d'après les natifs. Sur sa plus grande largeur, il mesure neuf cents mètres et le courant y est très turbulent. En moyenne, l'Amazone fait trois kilomètres de large ; en certains endroits elle atteint six kilomètres et son embouchure s'étend sur la largeur fantastique de trois cents kilomètres !

En attendant l'arrivée d'un autre bateau, Tuchahua et moi avions trouvé un travail qui consistait à charger des sacs de noix du Brésil ; en deux semaines, nous avions fait connaissance avec tous les dockers du port. Ceux-ci me racontèrent qu'Obidos était considéré comme la « Terre des femmes indigènes guerrières ». Cette histoire merveilleuse, je l'avais déjà entendue à Leticia, mais jamais je n'avais imaginé qu'un jour je foulerais la terre des guerrières au sein unique. J'appris ainsi qu'on avait découvert dans ce village des vestiges datant de l'époque de ce grand matriarcat et représentant des idoles de Reinettes géantes qui symboliseraient les Femmes guerrières. Les natifs du lieu disaient que, lorsque ces femmes accouchaient d'un garçon, elles le sacrifiaient ; si c'était une fille, elles la laissaient vivre. Francisco de Orellana, au cours de son voyage par ces terres, à la recherche de la ville mythique d'El Dorado, eut beaucoup de peine à vaincre les femmes guerrières. Ses troupes subirent de lourdes pertes, car les guerrières indomptables se défendaient avec férocité. C'est pour cette raison que Francisco de Orellana baptisa cette voie d'eau indigène, « Fleuve des Amazones ». Ici, abonde la pierre semi-précieuse, l'amazonite, de couleur verte, dans laquelle les femmes guerrières au sein unique taillaient leurs figures mythologiques. Très impressionné par les histoires des indigènes d'Obidos, je me mis en quête des symboles des antiques gardiennes de notre territoire.

Quelques jours plus tard, nous naviguions en direction d'Oriximina, ville située précisément sur l'embouchure du Trombetas. Sur les quais d'Oriximina, soutenus par de grands pilotis, les gens étaient très aimables et nous nous liâmes rapidement avec des hommes qui faisaient le même métier que nous. Ils nous apprirent comment procéder pour être admis dans la mine de bauxite, située à trois jours de bateau.

En arrivant au centre de recrutement des ouvriers, nous vîmes une file immense d'hommes à la recherche d'un travail. Ils étaient plusieurs milliers venus des grandes villes du Brésil. Ils avaient des visages amers, silencieux et hostiles, très différents de ceux des personnes hospitalières que nous avions rencontrées jusqu'alors dans les hameaux riverains.

Des hauts-parleurs annonçaient que les hommes provenant des villes et villages voisins pouvaient être inscrits en priorité. Les autres devaient attendre leur tour. Tuchahua me dit à voix basse :

– Jikiti, tu n'es pas brésilien, mais cette fois mon amitié te sera très utile car je vais leur dire que tu es mon frère. C'est le seul moyen pour obtenir ton travail et pouvoir rester ensemble.

– Merci Tuchahua, mon frère ! Dorénavant tu es ma famille !

– Oui, frère Jikiti, la lutte pour la vie est moins dure ainsi.

– Tuchahua, mon frère, quand tu seras en mauvaise posture, c'est moi qui te viendrai en aide, et tu agiras de même lorsque la maladie ou la faim me frapperont. Nous lutterons côte à côte jusqu'à réunir assez d'argent pour rentrer dans nos lointains foyers.

Les recruteurs nous observèrent attentivement et nous demandèrent :

– D'où êtes vous, vous deux ? Vous savez lire et écrire ?

Tuchahua répondit avec son accent brésilien :

– Monsieur, nous sommes de Santarêm, je m'appelle Tuchahua et mon frère s'appelle Jikiti.

Nous sommes des « Mocorongos », de l'État de Para (« Mocorongo » est le surnom attribué aux natifs de la ville de Santarêm). Nous étions des « Parasiens » (Paraenses). On nous tendit deux formulaires. À la question : « ... Savez-vous lire et écrire ? ». J'inscrivis « oui » pour nous deux. Puis je signai pour Tuchahua.

On nous donna deux billets de transport gratuits sur le bateau de l'entreprise à destination de la mine de bauxite.

N'apparaissait nulle part le nom de l'entreprise qui nous embauchait. Nos billets disaient : destination Puerto Trombetas.

Le troisième jour, cinq grandes embarcations s'amarraient dans le port de la mine de bauxite et sept cents hommes loqueteux en quête d'un autre avenir en débarquaient.

Nous passâmes le contrôle de police de la mine. Ils nous fouillèrent à la recherche d'armes blanches ou d'armes à feu, d'outils pour orpailleurs, etc. Puis ils nous donnèrent un numéro et le nom des baraquements destinés à héberger l'ensemble des ouvriers.

Cette mine était un immense camp de quelque sept mille hommes venus des coins les plus éloignés du Brésil.

Le responsable du secteur nous montra nos « chambres », dortoirs de lits en bois superposés avec des matelas en mousse de caoutchouc. Il n'y avait ni couvertures ni accessoires. Les lits étaient vides. Un autre péon partageait notre « chambre ». Ensuite, nous fûmes conduits chez le coiffeur qui nous fit une coupe militaire, et on nous donna une carte pour prendre nos repas au « restaurant populaire » réservé aux ouvriers. On nous emmena dans un local où nous reçûmes des bottes et des gants en cuir, des casques en plastique, des salopettes à utiliser exclusivement dans la mine et un guide préventif contre les maladies endémiques : malaria, hépatite, diarrhées, tuberculose, maladies vénériennes.

Nous avions déjà été examinés par le médecin de notre secteur et nous jouissions d'une parfaite santé. L'hôpital, les soins, les consultations, l'alimentation, l'hébergement, l'uniforme de mineur et le transport, qui comprenait les autobus locaux, les bateaux et les avions, tout cela était gratuit ! Mon salaire dépendait des heures de travail inscrites sur la pointeuse. Au début, je me sentais perdu dans cet énorme labyrinthe ouvrier. La bauxite était transportée sur un long train de wagons vers un centre de tri où le minerai noir aux reflets brillants était d'abord nettoyé mécaniquement, séché, puis entreposé pour l'exportation. En plus d'un immense aéroport, la mine possédait un quai en fer où les cargos jetaient l'ancre avant de repartir chargés pour les Etats-Unis, le Canada et le Japon. Dans la mine également, la Banque de l'Etat du Para retenait une partie de notre paye. Un quart du salaire était immobilisé par un système d'épargne obligatoire inscrit dans le contrat de travail. Cette épargne avait été mise en place par les chefs de la Direction générale du personnel, car, selon eux, la plupart des hommes gaspillaient leur salaire aussitôt reçu dans de grandes orgies d'ivrognes en dehors de la mine. La consommation de boissons alcoolisées était donc strictement interdite et tout péon surpris en train de boire de la bière ou de l'eau-de-vie de canne à sucre était renvoyé sur-le-champ.

Quatre supermarchés alimentaient la fièvre dépensière des pionniers de l'exploitation de bauxite. L'argent filait comme de l'eau. La plupart des péons demandaient un congé mensuel pour dépenser de l'argent à la ville la plus proche : Oriximina. Ainsi, beaucoup, au bout de quatre années de travail, ne partaient qu'avec leur épargne obligatoire, versée par la banque uniquement lorsque l'on quittait l'entreprise. D'autres étaient assassinés dans la mine même pour être dépouillés de tout ce qu'ils avaient reçu avant leur départ.

Les baraquements étaient divisés en lots répartis entre ingénieurs civils, mécaniciens professionnels, électriciens spécialisés, chefs de construction, directeurs du personnel, ingénieurs des mines et des pétroles, topographes, arpenteurs, dessinateurs, traceurs de routes, architectes, avocats, médecins, pilotes d'avions, chercheurs japonais, canadiens et nord-américains, travailleurs sociaux, infirmiers, etc. Chaque lotissement était séparé par deux rangs de fil de fer barbelé. Personne ne pouvait passer d'un quartier à l'autre. Les douches étaient publiques ainsi que les « toilettes », et l'hygiène personnelle obligatoire. Tout le monde devait être propre, rasé, et faire en sorte que la mine fût un exemple de salubrité. Les directeurs et médecins craignaient qu'une épidémie ne frappe cette région. Dès qu'un ouvrier ou un employé était souffrant, il était emmené au centre hospitalier puis isolé aussitôt. La plupart du temps, ceux qui tombaient malades étaient expulsés de la mine.

Aucune femme ne travaillait dans cette entreprise. Les hommes passaient parfois deux ans sans sortir de la mine. Un jour, un ingénieur eut l'idée d'amener son épouse et leurs enfants afin qu'ils connaissent le lieu. Sa conduite naïve déclencha une scène horrible. Il avait laissé sa femme seule avec ses deux enfants à proximité d'un endroit où travaillaient un groupe de plus de deux cents hommes. La femme, qui tenait les enfants par la main, parcourut environ quatre cents mètres, tandis que les hommes l'observaient et commençaient à s'agiter comme des chiens excités ; en moins de cinq minutes, la pauvre fut assaillie et violée par une dizaine de ces brutes avant que les gardiens n'arrivent pour la sauver d'une mort certaine. Elle dut son salut au fait que chaque contremaître portait un puissant Talkie-Walkie qui lui avait permis d'appeler le poste de police le plus proche.

Après cet horrible épisode, les coupables furent jetés en prison. Une réunion fut organisée d'urgence avec tous les chefs de section, et la direction générale s'occupa personnellement d'étudier les causes profondes de ce comportement animal des travailleurs. Au bout de trois semaines de méticuleuses études psychologiques, sociales et professionnelles sur les ouvriers de la mine, on arriva à la conclusion suivante et évidente : l'isolement prolongé produisait chez beaucoup d'hommes une névrose. Les querelles, bagarres et assassinats n'étaient pas seulement dus à l'alcool ou à l'existence de criminels organisés cachés dans la mine, mais naissaient du manque de contact avec la famille, de l'absence d'une vie sexuelle normale chez tous ces ouvriers épuisés et voués à la solitude.

Nous n'avions pour cadre que la forêt vierge, le fleuve Trombetas, le ciel bleu et des millions de moustiques. Quand nous entrions dans le « restaurant populaire », les mêmes odeurs emplissaient nos narines : de la soupe de légumes et des haricots et des lentilles qui sentaient les médicaments, de la viande et du poulet rôti réservés aux dimanches, avec ces mêmes effluves d'hôpital. La citronnade et l'eau étaient mélangées à une bonne dose de chlore et d'autres produits chimiques afin d'éviter toute contamination ou pollution de notre organisme. La santé et la vie des sept mille hommes de la mine coûtaient des centaines de milliers de dollars à l'entreprise qui avait engagé des médecins et scientifiques spécialisés dans le traitement des aliments et l'assainissement de l'eau potable.

Les travailleurs sociaux et les psychologues conseillèrent de recruter de nouveaux ouvriers et d'augmenter les autorisations de sortie et de congés temporaires lorsque les travailleurs en feraient la demande. Les congés trimestriels devinrent mensuels, puis bimensuels, ce qui posa de graves problèmes de transport et de recrutement. Des centres d'embauche ouvrirent dans plusieurs villes, mais plus personne n'avait envie de venir dans la selva qui « fait mourir de solitude et de tristesse ». Partout les ouvriers se faisaient rares. Pour la première fois, le travail était déclaré insupportable. La direction prit alors une autre mesure catastrophique : construire de nombreux bordels sur une île, près de la mine.

L'île était à un jour de bateau, accessible par un bras du Trombetas. On pouvait s'y rendre le matin et rentrer le jour suivant en payant de sa poche le ticket de transport. C'était un des centres de prostituées recrutées dans différentes villes du Brésil : Manaus, Belêm, São Paulo, Rio de Janeiro, Santa Catarina, Curitiba. Dans la mine, les chefs de secteur publièrent un avis avec tous les détails, normes et règlements en usage sur « l'île des Femmes », ainsi qu'ils l'avaient baptisée, pour le plaisir des milliers d'ouvriers frustrés.

Ce sale commerce de la traite des femmes était permis officiellement, pour le bien du « progrès » et l'essor de ce que les militaires au pouvoir nommaient « miracle brésilien ». Le Brésil était alors dominé par la botte et le fusil. Les soldats de la dictature militaire du général Jão Figuereido gardaient la mine de bauxite, comme ils le faisaient là où l'on extrayait l'uranium et d'autres minerais stratégiques.

J'appris que cet ensemble minier formait un grand consortium entre le Brésil, le Canada, les Etats-Unis et le Japon. Je vis de nombreux scientifiques étrangers « tâter » toutes sortes de pierres et minéraux de la selva. Certains parlaient anglais, d'autres s'exprimaient dans des langues inconnues. Mes amis ouvriers me racontaient qu'au Brésil il y avait beaucoup de mines et de projets qui commençaient à être mis en place d'une façon méthodique. Ils m'informèrent sur les entreprises minières associées au programme du consortium : La Minera Vale do Rio Doce, la Minas Gerais et la Mineração Rio do Norte, ainsi que différents sous-traitants, comme l'entreprise de construction routière et ferroviaire Andrade-Gutierrez à laquelle j'avais été affecté. Je travaillais dans un secteur qui contrôlait les licences, les permis provisoires, la santé, la médecine, les vacances, les licenciements, la liquidation des prestations sociales, les heures supplémentaires et les jours fériés, les cartes de travail, etc. J'étais auxiliaire dans les bureaux du docteur Roberto Maya, un ingénieur civil originaire de Belo Horizonte.

Tuchahua travaillait, lui, dans l'un des chantiers de la forêt, loin du bureau où l'on m'avait installé. Mon travail était bien rémunéré et je n'avais pas à me rendre à la cantine, car une camionnette nous apportait tous les jours notre déjeuner et notre dîner sur notre lieu de travail. Le fait de savoir lire et écrire m'avait beaucoup servi et me permettait d'apprendre le portugais.

J'achetais des œuvres de Pasternak, de Dostoïevski, de Tolstoï, un auteur que je vénère et dont je conserve toujours avec moi *Le Père Serge*, mon livre préféré. Je lisais également des œuvres de Goethe j'étais fasciné par le personnage de Werther –, de Nikos Kazantzakis, d'Hermann Hesse, de Zola, de Malraux, d'Hugo ou d'Homère. Je m'achetais également les textes sacrés des grandes religions : le livre des Veda, le Coran, le Talmud et la Bible. Je m'intéressais aussi à la vie des grands personnages de l'Histoire, comme Gandhi, Socrate, Lincoln, Martin Luther King, Nelson Mandela, Teilhard de Chardin et Rondon, le protecteur des Indiens du Brésil, qui a donné son nom à la région d'Amazonie baptisée « Territoire de Rondonia ». Ma faim de lecture était insatiable.

Mon éloignement de la forêt n'était que provisoire. La selva, je la gardais en moi, intacte. Alors que, pour la plupart des hommes privés de travail et sans instruction, elle n'était qu'un « enfer de solitude, de tristesse et de folie », pour moi, la selva demeurait mon espace sacré et je la sentais d'une autre manière ; j'aimais ma forêt, et peu m'importait d'être traité d'homme primitif par mon entourage.

J'entrepris d'instruire Tuchahua et, en moins de dix mois, il arrivait à lire en portugais. Je lui fis acheter des livres pour qu'il suive mon exemple et puisse lutter contre les Blancs avec ses propres armes. Ce monde des Blancs et des sociétés dites civilisées construisait et détruisait par sa pensée et son mode de vie. Il était nécessaire de nous plonger dans les théories compliquées et perverses des gens civilisés pour comprendre de quelle manière les combattre.

A présent que je commençais à comprendre la pensée des Blancs à travers les livres, je découvrai la paranoïa collective qui les poussait à détruire en construisant des millions de véhicules, des centaines de milliers d'usines et d'industries qui empoisonnaient l'atmosphère terrestre et l'eau des océans, des fleuves et des lacs avec des millions de tonnes de déchets chimiques, nucléaires, radioactifs. Toute leur technologie de pointe ne produisait que des désastres naturels à travers le monde.

Durant ces années à la mine de bauxite, les livres que j'achetais et lisais assidûment furent mes maîtres à penser. Parmi ceux-ci, les nombreux ouvrages traitant des luttes et guérillas : le *Petit Livre rouge* de Mao Tsé Toung, les écrits du père Camilo Torres, le premier curé guérillero de Colombie, la biographie d'Ernesto « Che » Guevara, des livres sur la Révolution française et la révolution russe.

Je retins surtout de ces lectures les profonds enseignements de la Déclaration universelle des droits de l'homme.

Tuchahua et moi, restions ensemble, tels des frères. Nous n'avions pas beaucoup d'affinités avec ces gens prêts à toutes les combines pour gagner de l'argent : la contrebande d'armes et d'alcool notamment.

Au bout de deux ans et demi de vie à la mine, Tuchahua me confia ceci :

– Jikiti, je crois que je ne supporte plus cette vie, ici, à la mine. Je me sens malade de boire autant. J'ai perdu beaucoup d'argent sur l'île des Femmes. En fait, j'ai fait la bêtise de partir seul et de me saoûler. On m'a volé beaucoup d'argent. Si j'étais parti avec toi cela aurait été différent. Parce que toi, tu agis comme dans ta tribu. Tandis que l'un dort, l'autre veille sur lui. Il y en a toujours un qui défend l'autre. Tu pratiques toujours tes coutumes, alors que moi, j'ai oublié les miennes. Tu es un indigène différent. Tu es toujours en train de penser et je ne sais pas quelles sont tes lointaines réflexions. Tuchahua parlait sérieusement. Il était soucieux. Tu es mon frère, poursuivit-il, mais parfois je pense que tu vas changer de personnalité et que ton cœur indigène va se transformer. Toutes ces lectures t'ont fait du mal, il me semble. Tu ne dois pas continuer à lire autant de livres. Peut-être ce sont de mauvais livres ? D'ailleurs, je n'y comprends pas grand-chose. Mais je te remercie de m'avoir appris à lire et à écrire. A présent, je sais bien compter mon argent et on ne peut plus m'avoir comme avant.

Après un long silence, je me risquai à lui demander :

– Frère Tuchahua, qu'est-ce que tu veux me dire ? Est-ce que tu ne serais pas en train de me faire tes adieux ?

– Si, frère Jikiti, je veux m'en aller le plus vite possible. Seulement, je te demanderai un dernier service. Quand on me paiera, accompagne-moi car on va me payer avec un papier que je ne saurai pas utiliser, une fois à Manaus.

Tuchahua me parlait des chèques bancaires que l'entreprise délivrait maintenant, afin que les ouvriers ne gaspillent pas leur argent ou ne se le fassent voler à l'intérieur de la mine. Quantité de cadavres de mineurs qui avaient quitté l'entreprise étaient retrouvés flottant sur les eaux du Trombetas. On voyait même des hommes qui gagnaient leur vie en protégeant ceux qui avaient décidé de retourner chez eux.

– Tuchahua, mon frère, je t'aiderai, ne t'en fais pas.

Une semaine plus tard, mon frère Tuchahua prenait congé de tous ses compagnons de chantier.

– Nous nous reverrons bientôt, frère Tuchahua. Je ne sais pas où, mais je suis sûr de te revoir un jour.

Au secours des Zucanos

Ma routine se poursuivit. Un jour, un des chantiers de la mine fut pris d'agitation. Tout ce brouhaha était créé par l'apparition d'un groupe d'Indiens zucanos qui, en proie à la faim et à une terrible épidémie de grippe, avaient dû quitter, désespérés, leur territoire et leur fleuve nourricier, désormais pollué. Les Zucanos furent admis au centre hospitalier de la mine pour y recevoir les soins d'urgence. Une fois de plus, j'étais en train de vivre la tragédie indigène. Moi, un Miraña, j'avais été expulsé de ma forêt à cause de la construction de routes, de la colonisation paysanne et forestière, et eux, les Zucanos, perdaient leur selva happée par l'exploitation de la bauxite.

Ces pauvres indigènes zucanos offraient un tableau criant de l'injustice provoquée par les multinationales qui, en expulsant de leur territoire ses occupants légitimes, s'appropriaient les richesses de leur sol sans leur verser un sou. La dévastation de la forêt avait brutalement plongé ces êtres humains dans un abîme de misère physique et morale.

Des scènes se déroulant au cœur de la selva me revenaient à travers les paroles de ma mère :

– Indien, criait le patron barbu de la Maison Arana, Indien, toi venir avec ta femme et tes enfants ! Approche-toi, viens ! Plus vite, Indien stupide ! Je veux voir comment se portent ta femme et tes deux grandes filles !

Le patron observait avec insistance la femme de l'Indien. Il l'examinait comme un animal sur le marché. Après s'être assuré que la femme était en bonne santé, il ordonnait aux deux filles de s'approcher.

– Toi d'abord, disait-il à l'aînée d'environ quinze ans qu'il faisait entrer dans sa cabane pour la violer. Puis, il recommençait avec la seconde, d'environ treize ans. Les femmes s'étreignaient terrorisées. Si elles faisaient le moindre mouvement pour s'enfuir, elles étaient abattues par les coups de fusil des sbires. L'Indien supportait la tête basse, regardant son malheur, sur sa propre terre.

Le patron du caoutchouc ordonnait alors à l'Indien de prendre un fusil en échange de ses deux filles, et une hache d'acier contre sa femme, afin qu'il travaille dans la selva. La récolte de latex lui serait intégralement remise.

– Et maintenant, tire-toi ! il faut que tu travailles ! Tout ce que tu récolteras de caoutchouc sera à moi, parce que cette forêt est à moi ! Si tu ne reviens pas avec la bonne quantité, tu mourras !

Ainsi, le pauvre indigène n'avait pas seulement subi une terrible humiliation, il était condamné à ne plus jamais revoir sa femme ni ses filles. Cette horrible réalité était vécue quotidiennement par des centaines d'hommes et de femmes indigènes dans la selva du fleuve Caqueta, là où fonctionnaient les centres d'extermination de la Maison Arana.

Ce troc avait pris aujourd'hui une forme nouvelle. Ce n'était plus les hommes « singes » de l'époque du caoutchouc échangeant des femmes et des enfants contre des fusils et des machettes, mais les multinationales étrangères liées aux gouvernements d'Amérique latine qui, à coup de millions de dollars, s'appropriaient notre capital minier en effaçant nos richesses humaines, tels mes frères Zucanos du fleuve Trombetas.

Cet épisode tragique me décida à les aider.

Je me rendis à l'hôpital afin de m'assurer qu'ils recevraient bien les soins nécessaires : une alimentation et des boissons convenant à leur organisme ainsi que des médicaments efficaces. Je voulais également savoir si l'on prévoyait de les déplacer vers des lieux correspondant à leur milieu, dans ce même Etat du Para.

Je persuadai mon chef de m'autoriser à servir d'auxiliaire et accompagner les dix-sept Zucanos jusqu'à la fin du traitement.

Bien qu'ignorant absolument tout de leurs coutumes et de leur langue, ils m'acceptèrent comme intermédiaire entre eux, le personnel médical et les autorités locales. Nous nous servions des signes connus des habitants de la forêt. Je sus ainsi qu'ils souffraient de fièvres, de douleurs musculaires, de fatigue cérébrale et d'une dénutrition aiguë. J'expliquai aux médecins et infirmières ce que les Zucanos venaient de me faire comprendre. Je réclamai donc un certain type de nourriture mieux adaptée que les crudités, le café au lait et la viande de bœuf frite qu'on leur proposait et qu'ils ne touchaient pas. Aux cuisines, je demandai du buffle, du poulet et du pain grillé et de « l'eau pure du fleuve ». Les médecins refusèrent de leur donner de cette eau, mais j'expliquai qu'en tant qu'indigènes de l'Amazonie, leur appareil intestinal était immunisé contre les virus et amibes de l'eau des rivières et qu'ils pouvaient en boire sans aucun risque. Après avoir bataillé longuement, ils acceptèrent enfin de donner aux Zucanos de l'eau des puits artésiens et non plus des jus de fruits en boîte qui les faisaient vomir.

Durant cinq semaines, les Zucanos reçurent des soins intensifs, mais ils refusèrent toujours les vêtements que les infirmières voulaient leur faire porter. Ils ne voulaient pas non plus de sucre, mais ils trouvaient le pain grillé délicieux et en mangeaient en quantité. Ils n'acceptaient pas non plus les pâtes et confitures de goyave et consommaient uniquement des fruits frais tels que les ananas, les bananes et les noix. Les douches leur paraissaient étranges et ils refusaient d'y entrer. Pour qu'ils se lavent, il fallut les emmener jusqu'au Trombetas situé à un kilomètre de l'hôpital. Selon leur coutume, ils préféraient recourir à cette eau salvatrice grâce à laquelle ils pouvaient se nourrir, cette eau qu'ils buvaient et que traversaient leurs canots. Le contact avec l'eau fut la thérapie qui les aida à récupérer. Chaque fois qu'ils sortaient de leur bain quotidien, leur corps paraissait plus détendu et ils souriaient à la vie.

Au bout de quelques semaines, les Zucanos furent prêts à retourner dans la forêt. La direction générale me remercia et voulut envoyer des ouvriers pour accompagner les Zucanos et les aider à construire un autre village. Je m'y opposai. Le contact avec les mineurs les rendrait à nouveau malades et les détruirait à petit feu. Il fallait les isoler dans un nouveau territoire, près du fleuve, afin qu'ils puissent recommencer à vivre de la chasse, de la pêche et de la cueillette des fruits. Je me proposai de les conduire à l'endroit de leur choix. Ce répit durerait jusqu'à ce que, de nouveau, une compagnie étrangère décidât d'exploiter les minerais susceptibles de se trouver là et alors, l'exode continuerait, il leur faudrait partir plus loin : indigènes errant sur leurs propres terres.

Pour entreprendre notre voyage avec les Zucanos, il fallait de la nourriture, des machettes, des haches, des couteaux et des pilules contre la malaria. On n'avait pas encore synthétisé le vaccin contre le virus*.

---

* Le vaccin contre la malaria a été découvert en 1991 par le docteur colombien Manuel Elkin Patarrayo. Il s'agit du SPf66, fabriqué à partir de protéines synthétisées.

Je demandai également plusieurs sortes de graines de palmiers comestibles, des semences de yuca, bananes, ananas, ignames, maïs, ingas, etc.

Quelques jours plus tard, nous faisions route vers une région inconnue. Seul le Zucano le plus âgé savait où se trouvait le fleuve près duquel installer le nouveau village. Après quatre jours de marche, nous arrivâmes au bord d'un fleuve aux eaux cristallines. Là, le vieux Zucano me fit signe de m'arrêter. J'échangeai avec lui quelques signes de la main accompagnés de sons gutturaux et de dessins tracés sur la terre, puis nous nous mîmes enfin d'accord : ici serait construit le nouveau foyer des Zucanos.

La vie en terre zucano

Je leur annonçai que je retournerais à la mine une fois construites les nouvelles malocas et qu'il me fallait rester environ six mois, le temps de leur apprendre à planter le maïs et les autres semences qu'ils ne connaissaient pas. Ils savaient seulement planter la yuca et certains tubercules. Grâce aux outils, la construction de la maloca plurifamiliale avança rapidement. Avec les feuilles du palmier carana, nous pûmes tresser des centaines de « peignes » pour couvrir l'énorme maloca. Les lianes servaient de cordes pour bien arrimer les flancs de la demeure zucano. Les hommes et le vieux de la tribu étaient fascinés par mon habileté à tresser les palmes et aussi parce que je savais chasser comme eux et pêcher avec des larves d'abeilles noires. Je leurs appris beaucoup de choses de ma tribu et j'en appris autant de la leur. En quatre semaines, nous avions bâti une superbe maloca, dans le style zucano. Nous décidâmes de nous répartir en deux groupes d'hommes : l'un irait à la pêche et l'autre à la chasse, afin de préparer l'inauguration de la maloca par une fête où l'on danserait, mangerait et boirait selon nos anciennes traditions. Cette fois, j'allais y participer comme simple invité.

Les femmes allèrent cueillir des noix et des fruits dans la forêt et les hommes pêcher sur le fleuve Zucano (ainsi l'avions-nous baptisé), riche en poissons.

Nous allions nus. Les hommes attachaient leur prépuce avec une ficelle liée à une corde autour de leur taille. Mon grand-père, mon père, mes frères et moi faisions de même dans notre tribu. Mon Grand-Père-Connaisseur Chijj-Kaa-Ba m'avait expliqué que cela servait autant à faciliter nos déplacements à travers la forêt qu'à éviter un contact sexuel précoce avec nos femmes.

Je remarquai que les Zucanos ne chassaient pas les cervidés. Ils avaient leurs propres croyances sur les mammifères et oiseaux représentant les esprits de la forêt qui vivaient sous terre, ou dans certains lacs aux eaux noires. Ainsi, le cerf était un grand esprit qui surgissait des profondeurs de la terre et veillait à ce que toute la tribu ne chasse aucun de ses semblables. Lorsque, par malheur, un étranger tuait un cerf, celui-ci mourait les yeux exorbités : un très mauvais présage. Il fallait alors se protéger en disposant autour de la maloca une offrande de miel. Cette offrande servait à apaiser la vengeance de l'esprit qui sortait de terre. A cette occasion, la tribu restait enfermée durant des jours dans les malocas, respectant une sorte de deuil et de jeûne. Ils ne sortaient même pas ramasser du bois.

Une fois rentrés de la pêche et de la chasse, on prépara le bûcher autour duquel on danserait. A la nuit tombée, l'immense tas de branches sèches de l'arbre « qui effraie les mauvais esprits » était prêt à brûler.

Les Zucanos tracèrent des dessins sur le sol et sur les troncs qui soutenaient la maloca, pour que je connaisse les représentations de leurs pratiques magico-religieuses.

Je m'assis à côté de mon grand-père Zucano. Le vieux avait taillé des bancs en bois où les hommes s'asseyaient pour parler et écouter les paroles de l'ancien, le sage de la tribu, guide spirituel et médecin de la forêt. J'aimais la compagnie de ce vieux Zucano ; à travers lui, je revoyais mon Grand-Père-Connaisseur Chijj-Kaa-Ba. Pour communiquer avec les esprits, les Zucanos n'utilisaient pas la même substance que nous. Au cours de la cérémonie d'inauguration, autre différence, je vis que les femmes pouvaient en prendre. Une fois que tous étaient sous l'effet de la drogue, la fête commençait. Chaque couple et ses enfants formaient un clan : il y avait le clan des singes zogui-zogui, celui des toucans, celui de l'oiseau qui symbolisait l'esprit du fleuve… Sur leur visage étaient peints des becs de grands toucans, des plumes de divers oiseaux, des queues de singes laineux, et tout cela servait à illustrer une histoire généalogique dont les origines se perdaient dans la masse verte de la jungle. A mesure que le clan chantait les mélodies évoquant les générations, ses membres sentaient une force étrange s'emparer d'eux.

Ils ne m'avaient pas encore permis de me peindre comme eux, mais ils me laissèrent le faire à ma manière, m'autorisèrent à danser seul et à fredonner mes chants de tristesse. Eux dansaient jusqu'à la transe et leurs visages revêtaient un éclat mystique, tandis que leurs yeux regardaient audelà du feu sacré. Trois jours après l'inauguration et la cérémonie pour la nouvelle maloca, nous nous divisâmes à nouveau en deux groupes : le premier s'occuperait de cultiver la chacra commune, le second se chargerait de pourvoir à la nourriture quotidienne. Il nous fallut attendre au moins six mois avant de récolter les premiers fruits de nos plantations d'ignames, de bananes et de yucas. Aussi, nous ne mangions que de la viande et du poisson accompagnés de cœurs de palmier pinot, de noix de pécan, de fruits sylvestres.

Les hommes du premier groupe, nous choisîmes un morceau de terre fertile tout près de la maloca et situé au bord du fleuve Zucano. Ainsi, lorsque nous ferions de bonnes récoltes, nous pourrions tout transporter en canot, ce qui nous épargnerait du temps et de la fatigue. Le vieux Zucano demanda également à deux jeunes très adroits de fabriquer plusieurs pirogues, des grandes et des petites, des rames, des arcs, des flèches, des sarbacanes, du curare, des harpons et des nasses à poissons.

Je fus étonné par les techniques agricoles des Zucanos. Ils plantaient dans la biomasse, uniquement en creusant des trous pour enterrer les plants de yuca, d'ignames et autres tubercules, alors que, généralement, les indigènes d'Amazonie ont l'habitude de défricher de grandes étendues puis d'attendre que tout soit sec pour brûler et fertiliser le sol avec les cendres.

Cette technique, nouvelle pour moi, les Zucanos l'employaient depuis des temps immémoriaux. Il s'agissait de ne pas brûler les insectes, les vers, les batraciens, ni aucun de ces milliers de micro-organismes qui contribuaient à la fertilité de la couche végétale amazonienne. Ainsi, la terre gardait-elle ses composants nutritifs, sa température propre, l'humidité nécessaire et les différentes bestioles qui l'aidaient en profondeur, tout en favorisant l'évolution simultanée des espèces. C'était l'intuitive connaissance écologique des indigènes zucanos : ne rien détruire pour conserver leur source de vie et d'énergie. C'est à peine s'ils coupaient quelques branches aux arbres les plus hauts afin de laisser pénétrer les rayons du soleil matinal et couchant pour la croissance des pousses. Ce système d'agriculture primitive me faisait penser à un vaste programme de reforestation excluant la pratique des brûlis qui tuaient la vie du sol de la selva. Et cela marchait : six mois plus tard, nous récoltions les premiers tubercules de yuca et de patates douces. Ce sont les femmes qui travaillaient le plus. Elles préparaient la farine de manioc et veillaient à ce que les herbes n'envahissent pas les plantations. Puis nous vîmes pousser lentement les palmiers pinot, les ingas, les raisins pouroumiers, les ananas, les bananes et plantains ainsi que les diverses variétés de plantes médicinales sélectionnées par l'ancien de la tribu. Pour éviter les grossesses et exercer une forme de contrôle de la natalité, les Zucanos utilisaient, à la place de notre mélange de copayer et de jus de fleurs parasites, des substances tirées de l'écorce d'autres arbres. Ils coupaient l'écorce et la faisaient cuire pendant des semaines, la mélangeant au jus du cœur d'une plante, puis ils faisaient avaler le breuvage aux femmes qui ne désiraient pas avoir d'enfant durant une période d'environ six mois.

Ainsi chaque famille zucano comprenait quatre enfants maximum.

Bientôt, je me mis à tisser des hamacs, à tailler des rames et un canot pour la pêche. Dans cette forêt, l'arbre « caïman » abondait. Les jeunes Zucanos me regardèrent creuser le tronc à feu lent. Mon embarcation était plus large que la leur et le feu dilatait rapidement le bois fibreux de caïman. Certains me demandèrent de leur enseigner ma méthode.

J'avais oublié la mine et me retrouvais plongé dans le monde auquel j'appartenais vraiment. Je revins à mes anciennes coutumes indigènes, abandonnai mes livres, laissai dans un coin mes vêtements et chaussures pour vivre nu. J'avais le visage et le dos peints à la manière miraña. J'irais bientôt chasser des pécaris et des tapirs dans les salins.

Avec le temps, le vieux Zucano demanda à la tribu de lui construire une maloca séparée du hameau. Comme le veut la coutume, les sages-guérisseurs zucanos vivaient isolés, même si les chasseurs de la tribu leur apportaient de la viande, du poisson et toutes sortes de victuailles. Le grand-père zucano avait besoin d'un domaine propre pour ses pratiques spirituelles et rites magiques, au cœur du silence et de la solitude.

Lorsque quelqu'un avait besoin de sa médecine, on allait le chercher dans sa maloca. Si la tribu avait des problèmes, on irait lui demander conseil. Le vieux Zucano était un voyant-sage qui pouvait prévoir les maladies et les bonnes récoltes. Il était attentif à tout : à la fumée qui s'échappait des huiles qu'il brûlait au centre de sa demeure, au changement de plumage des oiseaux, aux chants des grenouilles et des hiboux, à la couleur des feuilles de certains arbres, à l'apparition du soleil et de la lune, à la pluie, au tonnerre et aux éclairs, au murmure des eaux du fleuve, aux paroles indicibles des esprits sylvestres, au chemin invisible des bons et des mauvais fantômes qui déambulaient dans la forêt.

J'avais remarqué que le vieux allait ramer le soir sur un lac profond où abondaient les dauphins d'eau douce. Il faisait d'étranges « voyages » en compagnie de ces animaux, et les gens de la tribu me dirent que le grand-père était un dauphin. Lorsqu'il désirait se métamorphoser, il allait tout naturellement sur le lac.

Les jeunes Zucanos me contèrent également que le vieux zucano avait une fille dauphin qui, de temps en temps, souffrait une mutation humaine et s'approchait de sa maloca pour lui rendre visite. Cette fille était très belle et, lorsqu'elle se rendait chez son père, c'était toujours par des nuits sans lune. Elle venait entièrement nue, la tête seulement coiffée d'un bonnet en peau de boa dissimulant le trou par lequel elle respirait quand elle était dauphin. C'est pourquoi personne ne devait jamais toucher son chapeau.

Toutes ces histoires au sujet de mon grand-père zucano me laissèrent pensif.

Je me promenai seul dans la selva, à la recherche de la liane yajé, car j'étais ému et ressentais le besoin de partager mes visions avec mon grand-père zucano.

Au lieu du collier en dents de jaguar que je portais, mon grand-père zucano avait autour du cou un beau collier en dents de dauphin rose. Il existe deux espèces de dauphins dans cette partie de la selva : le dauphin rose (*boto vermelho*, en portugais) et le gris, beaucoup plus petit. Mon grand-père zucano était un dauphin rose.

Je m'éloignai de la maloca durant trois jours et découvris enfin les lianes sacrées de mon Grand-Père-Connaisseur Chijj-Kaa-Ba. Comme dans ces régions on ne connaissait rien de la coca, j'utiliserais la liane du yajé pour partager avec le vieux Zucano mes expériences d'initié aux pratiques magico-religieuses.

A mon retour, les jeunes vinrent à ma rencontre et me demandèrent le nom de cette liane.

– Dans ma tribu, on l'appelle yajé, ce qui signifie « échelle des esprits ».

Et, sans plus attendre, je me mis à préparer la substance rituelle. Cela me prit environ trois semaines. Je conservai précieusement le liquide hallucinogène dans une calebasse en attendant le moment où mon grand-père zucano devait découvrir mes coutumes.

Le temps de la cueillette des fruits du palmier pinot approchait. Sur les hautes et robustes branches du mata-mata s'ouvraient les pétales multicolores des fleurs sacrées. Des bromélies, des catleyas et une infinité de plantes parasites pendaient du haut de l'épaisse toiture de la selva. Ces fleurs m'entraînaient vers les hauteurs béantes, là où résident les esprits de nos ancêtres. Je cesserais très bientôt de manger de la viande, du poisson et des larves palmistes.

Je devais me préparer intérieurement. Il fallait respecter un jeûne strict. Nettoyer mon corps, mon cœur et ma pensée, préparer mon esprit et mon cerveau à recevoir les messages transmis par les visions intérieures. Je grimperais aux arbres, je m'élancerais, accroché aux grosses lianes, je courrais à travers la selva infinie, je nagerais dans les fleuves et m'immergerais dans les eaux profondes des lacs. L'exercice physique m'aiderait à remonter d'autres chemins vers d'autres mondes. L'exercice mental m'aiderait à élever mon esprit au-delà des hauteurs lumineuses, vers de vierges espaces.

Au milieu de la jungle je percevais le véritable sens de ma vie, ma raison d'être et d'exister.

J'avais complètement oublié cet autre monde, là-bas et, au-dehors de moi j'avais regagné mon vrai foyer, notre mère la selva.

Mon Grand-Père Dauphin

Avant de me rendre à la maloca isolée de mon grand-père zucano, je tendis quelques pièges à perdrix. Cet oiseau était le seul autorisé dans la diète rituelle des chamans. Je pris les perdrix Jumma une par une, leur retirai les intestins, gardai le foie, le cœur et le gésier. Puis je préparai un feu lent au-dessus duquel je brûlai les plumes. Je tissai un panier de feuilles de palmier et y déposai mes perdrix.

Je pris dans la maloca mon sac de « travail », ma calebasse et ma gourde remplie de yajé, un peu d'amidon de manioc, du tabac et du sel végétal. J'arrivai ainsi équipé chez mon grand-père zucano. Il faisait un matin frais et de la fumée s'échappait de sa cuisine par le toit de la maloca. Le jardin était planté uniquement de lianes, de plantes parasites et médicinales. C'était un formidable jardin botanique qui conservait le secret de la médecine indigène. Chaque plante, liane, écorce, huile résineuse était le fruit d'une étude et d'une observation qui s'étendaient sur des générations.

Autour de la maloca, je vis que mon grand-père zucano cultivait une parcelle uniquement dédiée à la culture de palmiers : palmiers pêche, pinot, Jessenia, cumare-tucum, et palmiers nains au tronc aussi fin que le diamètre d'une canne à pêche. Il cultivait aussi plusieurs espèces de bananiers, du manioc blanc et du jaune. Mais, ce qui attira le plus mon attention, c'étaient ces boules noires sur certaines branches d'inga. En m'approchant, je m'aperçus qu'il s'agissait des nids de minuscules termites, et de fourmis comestibles. Plus loin, à l'intérieur des hautes racines d'un kapokier, le vieux Zucano avait placé un essaim d'abeilles. Avec la cire, il préparait des remèdes contre l'impuissance sexuelle des plus âgés. Dans la tribu, certaines règles devaient être observées dans le comportement des couples, mais les jeunes célibataires, hommes ou femmes, pouvaient avoir des relations sexuelles en toute liberté. La plupart se mariaient après les rites de l'initiation ; mais si, comme dans le groupe qui m'avait adopté, il y avait une minorité d'hommes, certains pouvaient se retrouver avec deux femmes. Si un homme avait deux femmes et plusieurs filles, il pouvait s'estimer le plus chanceux de la tribu. Le nettoyage, l'entretien, la récolte, la préparation des boissons et aliments, la replantation des chacras reposaient en effet sur la femme ; elle était la responsable directe de la bonne marche des chacras. Comme toujours, les hommes profitaient de la femme et de son travail d'ouvrière agricole. Cette injustice était tempérée par la longévité féminine. Les hommes avaient la vie courte.

J'appelai mon grand-père zucano :

– Uh ! Uh ! Uh !

Sa voix me répondit :

– Uh ! Uh! Uh!, c'est-à-dire « Bonjour ! », en zucano.

Soudain, il se montra à la porte d'entrée et me salua en levant la main gauche. Je l'imitai. Son visage était impassible. De profondes rides creusaient son front, comme si elles dessinaient et délimitaient les frontières inconnues de sa pensée. De la peinture noire couvrait une partie de son visage et le haut de son cou. Il portait à ses avant-bras deux bracelets en plumes de harpie, symboles des chamans zucanos. Ses bras et jambes étaient peu musclés. Sa peau se détachait de son ventre, usée et fatiguée par les ans. Ses yeux brillaient d'une étrange lueur et m'observaient attentivement, comme s'ils lisaient mes plus secrètes pensées. Je me sentis aussitôt captif de la sagesse que j'y découvris. J'avais l'impression de le voir pour la première fois. Nous avions passé tant de jours ensemble... Il me connaissait déjà, alors que moi, je n'avais pas encore découvert son identité profonde. Face à lui, j'étais transparent. Et ce fut un moment admirable. Il me souhaita la bienvenue, prononça quelques mots, puis m'invita à entrer dans son temple.

J'ouvris alors mon sac en palme et lui offris les perdrix préparées comme une offrande à sa dignité. Contrairement à ses yeux, ses lèvres ne souriaient jamais. Il était satisfait et m'invita à boire un potage de yuca blanche. Je me sentis réconforté par sa douce saveur ; le soleil pénétrait par les fentes des feuilles de palmes et ses rayons dessinaient à l'intérieur de la maloca la couronne lumineuse d'une étoile perdue dans le lointain.

Là, chez mon grand-père, on vivait dans un autre monde, le monde de la connaissance et de la science occulte. Je me sentis recouvert d'un nouveau plasma tropical. J'étais un bébé dans le ventre de la maloca de la vie. L'intérieur de la demeure de mon grand-père était une espèce de réserve sacrée où l'on respirait un autre oxygène, où brûlait un autre feu, où l'on buvait une autre eau et dans laquelle il existait une autre Terre ; c'était une galaxie réduite et connectée à un univers infini. A ce moment, j'avais franchi un pas vers le monde cosmique. Mon grand-père zucano était un être minuscule et immense à la fois. Je me sentis le plus humble parmi les humbles. Le mutisme de mon grand-père était plus éloquent que n'importe quel mot. Je ne demandai rien et ma quiétude accentua la profonde sensation de bien-être qui régnait en ce lieu. J'adorais le silence, car il me donnait l'impression de vivre en apprenant et en captant tout ce que renfermait chaque minute de ma courte existence. J'avais reçu une bonne éducation auprès de mon Grand-Père-Connaisseur Chijj-Kaa-Ba ; les années de solitude avaient endurci mon cœur, et mon cerveau travaillait fébrilement, découvrant des voiles noirs et blancs sur le dur parcours de la vie.

Mon grand-père se mit à construire un fumoir pour ses perdrix. Il apporta des branches vertes et fit un grand barbecue sur lequel il déposa la viande blanche. Un escalier menait au premier étage. C'est là que dormait le vieux, dans son second hamac. Dans les coins de l'habitation, plusieurs petits paniers contenaient différentes variétés de semences, des feuilles, des écorces et des champignons séchés, des huiles, des résines, de la cire, du miel dans des calebasses, des extraits de racines, du venin de serpents et de grenouilles. A part, de grandes corbeilles renfermaient des écorces d'arbres aux parfums agréables. Mon grand-père zucano avait fabriqué de grandes jarres de terre rouge pour filtrer l'eau du fleuve et conserver la boisson préférée de sa tribu, à base de bouillie de manioc doux. Dans son four en terre cuite, il faisait cuire de fines et savoureuses galettes ; le piment jaune était conservé dans des calebasses près du feu. Quelles fragances fabuleuses ! Chaque parfum me rappelait des personnes de mon enfance, des lieux familiers, mes parents, mes frères, les saisons de la forêt sacrée, les fleuves et lacs où j'avais nagé, ainsi que les parties de chasse et de pêche. Toutes ces odeurs avaient le pouvoir magique de me transporter dans mon village.

Il n'existait pas de pilon pour broyer les feuilles de coca. Les mêmes concasseurs qui, dans mon hameau, servaient à préparer la pâte de yuca. Le vieux Zucano avait aussi tissé des bourses pour presser la pâte de yuca et en extraire l'amidon. Avec ce dernier il fabriquait du tapioca. Un long tronc taillé dans le cœur d'un bois odorant était destiné aux visiteurs. Mon grand-père zucano préférait s'asseoir près du feu.

Après avoir passé toute la matinée à m'observer, scrutant mes moindres gestes et expressions, le vieux Zucano rompit son silence.

– Fils (il m'appelait ainsi pour la première fois), pourquoi mets-tu ton collier en dents de jaguar ? Quand je t'ai connu, là-bas, à l'hôpital de la mine, tu portais les mêmes vêtements que les Blancs et tu fumais de leur tabac. A présent tu es en train de te transformer parce que tu vis avec nous, tu manges de notre nourriture et tu bois la même chose que nous. Tu as travaillé très dur pour reconstruire notre petit village, loin de notre lieu d'origine. Je t'ai vu brûler les habits que tu portais à la mine et je crois que tu as mis le feu à tout ce qui te rappelait cette vie avec les mineurs. Cela me plaît. Je sais que tu es, toi aussi, un enfant de la selva, mais je ne connais pas le nom de ta tribu.

– Grand-père, voici bien longtemps, nous avons vécu comme vous aujourd'hui. Mais les Blancs ont détruit notre forêt avec leurs machines, ils nous ont expulsés de nos territoires et nous avons dû partir vivre dans leurs villes. Il y a bien des lunes, ma tribu était importante. Aujourd'hui, nous ne sommes plus que quelques survivants. Je viens de loin, d'un lieu qui s'appelle « les Trois Frontières ». Je vins seul en travaillant sur un bateau et je suis resté ici, à la mine, sans savoir que vous existiez. Le jour où vous avez surgi, malades, affamés et apeurés, j'ai beaucoup souffert de vous voir ainsi. Et si j'ai abandonné mon travail pour vous rejoindre, c'est parce que je suis comme vous un fils de la jungle sacrée. J'ai vécu avec d'autres tribus voisines de la nôtre et j'ai appris que seule notre union nous permettrait de résister et de lutter pour sauver nos vies. C'est pour cela, grand-père, que je suis ici, avec toi et ta tribu. Vous êtes mes frères, vous êtes comme mon propre sang, ma famille. Je ne sais pas quand je partirai, je sais seulement que je vis heureux avec vous, car j'ai la possibilité d'être ce que j'ai toujours été. Ma tribu se nomme Miraña. Nous aussi, nous vivons loin de la terre de nos ancêtres. Nous avons été des fugitifs et des captifs dans notre propre forêt.

A présent j'ai encore peur, car ici, à proximité de ce nouveau territoire, peut-être y a-t-il aussi beaucoup de richesses. Lorsque les Blancs les découvriront, ils viendront avec leurs machines détruire nos foyers et nous chasser. Mais je ne bougerai pas et je les affronterai en portant nos revendications au gouvernement. Le gouvernement est le responsable de tels méfaits. Il est le principal coupable de notre extermination. Pourquoi vend-on les richesses à l'étranger ? Pourquoi n'a-t-on aucun respect pour nos vies ni nos territoires ? De quoi sommes-nous coupables ? Etre un indigène serait-il donc un délit ?

Mon grand-père zucano m'écoutait, très intéressé par tout ce qui m'était arrivé. Il me dit alors :

– Fils, tu es un indigène qui a du cœur, tu as fait beaucoup de choses et je sais que tu nous aideras. Tu peux rester vivre avec moi le temps que tu voudras.

– Merci, grand-père, je veux bien rester vivre dans ta tribu mais je ne veux pas perturber ta vie, ici, dans ta maloca. Je veux seulement te montrer ce que m'a appris mon grand-père, là-bas, dans mon village. Il vit encore, mais dans la peau d'un jaguar. Ce collier que tu vois est son cadeau, car, désormais, c'est moi qui le remplace. J'ai été initié aux pratiques magico-religieuses des sorciers de la jungle. Mais je ne veux pas me transformer en jaguar. Mon grand-père m'a dit, lors d'un cérémonie, que j'avais choisi le chemin des médecins qui travaillent de jour. Lui, il a toujours travaillé la nuit. C'était un sorcier des denses ténèbres. Il aimait manger le cœur des animaux et il me soignait avec du sang chaud. Mais j'ai su choisir ma propre voie. Je préfère la lumière du jour à la nuit, même si toutes deux m'ont donné l'énergie nécessaire pour vivre en harmonie. Tout ce qu'il m'a enseigné, je le garde dans ma mémoire, dans mon cœur et dans mon esprit. Ainsi, grand-père, tu as pu me reconnaître grâce à l'éclat de tes yeux et je sais que tu m'as accepté car tu sais désormais ce que je représente. Je ne parle jamais de la mutation de mon grand-père avec les autres membres de la tribu. Je partage ce secret avec toi parce que j'estime que tu dois le connaître.

Ce premier soir, nous avons dîné ensemble.

– Fils, nous mangerons les perdrix que tu as apportées. Ici, j'ai de fines galettes de manioc, de la farine de yuca jaune, quelques patates douces, des amandes cueillies dans la forêt et du miel d'abeilles.

– Grand-père, tout cela me paraît délicieux. Mais je voudrais préparer ma boisson miraña pour que nous puissions échanger chacun quelque chose de typique.

– Très bien, fils, tu peux cuisiner comme tu voudras. Voici du bois sec et tu peux utiliser une autre marmite pour préparer ta boisson.

Je déposai l'amidon de manioc doux mélangé à de l'eau dans la marmite, mis celle-ci sur le feu et, en moins d'une demi-heure, le liquide bouillait. Puis je le battis avec le jus de deux ananas pressés. La recette était simple : de l'amidon de yuca douce, du jus d'ananas frais et de l'eau pour cinq personnes. Avec une telle quantité, nous aurions à boire jusqu'à l'aube. De quoi humecter notre gosier et poursuivre notre conversation.

– Grand-père, viens t'asseoir, je vais te servir.

– Fils, je suis fatigué, je vais manger couché dans mon hamac.

Il n'y avait pas d'assiettes, comme dans la mine de bauxite, mais de jolies calebasses en guise de grands plats et des cuillères de la même matière. Le plus agréable était de manger avec nos mains et nous n'utilisions les récipients et cuillères que pour le bouillon.

Je lui servis d'abord un potage aux perdrix, que mon grand-père mêla avec un peu de farine jaune de manioc. Ensuite, je lui donnai une volaille entière.

Tandis qu'il mangeait assis dans son hamac, je dînais assis sur le sol tiède, près du feu. Cette scène me comblait ! C'était vraiment comme au temps de mes ancêtres. Tout reprenait sa place.

– Fils, me dit-il, ce n'est pas le repas qui m'enchante, mais ta compagnie. Si ce plat me semble si bon, c'est parce que tu es un homme très simple et que tu m'as servi comme mon propre fils.

– Grand-père, je te remercie, tes paroles me font beaucoup de bien. Ta maloca me protège ; ici, je suis en sécurité. Mon cœur est gai. Je me sens libre, à l'écart des mauvais présages, des vents contraires, et je suis dans un refuge où règnent la paix et l'harmonie.

Je lui offris ensuite le caaguin-nne dans deux calebasses moyennes.

– Hum ! Hum ! Hum, murmurait-il à chaque gorgée. Ta boisson est vraiment délicieuse, fils. C'est comme un médicament, n'est-ce pas ?

– C'est ça, grand-père. Cette boisson est faite pour fortifier l'esprit et le corps. On l'offre aussi à l'occasion de nos fêtes et rituels. J'en ferai d'autre demain pour que tu voies comment je la prépare. Je fabriquerai aussi le casabe que l'on mange dans mon village. Je sais que tu aimeras. Ensuite, je voudrais que nous prenions nos breuvages magiques pour que, tous deux, ayons des visions intérieures. Ainsi, notre histoire sera liée pour toujours.

– Fils, veux-tu boire ta substance sacrée ?

– Oui, grand-père, j'en ai apporté dans ma gourde. Elle est préparée avec des lianes parasites que nous mélangeons à des racines. Je la fabrique depuis un mois et je crois qu'elle est prête à être consommée. Je ferai comme mon grand-père me l'a enseigné, là-bas, dans mon village, voici des années.

– Très bien, ça me plaît beaucoup.

– Après la première cérémonie, je te donnerai à boire, grand-père.

– Moi aussi, je t'apprendrai à prendre de notre boisson sacrée. Seuls, certains hommes de la tribu ont le droit d'en boire. Des hommes comme toi, qui ont passé leur enfance et leur adolescence à apprendre nos coutumes de chamans.

– Grand-père, les femmes de la tribu boivent pourtant des substances fortes produisant toutes sortes de visions.

– Oui, mon fils, les femmes, chez nous, ont aussi la possibilité de voir d'autres réalités. Toutefois, aucune femme ne connaît ma substance, elle est réservée au chaman. Le moment est arrivé de boire nos substances sacrées. Tu peux prendre ta gourde, je vais chercher la mienne.

J'avais réussi à pénétrer le cœur de mon grand-père zucano. Il me témoignait sa confiance. C'était le début d'un nouvel apprentissage, avec un nouveau grand-père, un nouveau sage. Il ressemblait beaucoup à mon grand-père Chijj-Kaa-Ba, mais il était un chaman de la lumière et non de la nuit. Mon grand-père Chijj-Kaa-Ba masquait ses yeux rouges dans les obscures nuits lugubres. Mon grand-père zucano avait de petits yeux obliques, mais il ne cachait pas son visage. Mon grand-père Chijj-Kaa-Ba ne souriait jamais, tandis que celui-ci aimait rire.

Nous commençâmes ainsi notre rite sacré :

– Fils, me dit l'honorable vieillard, as-tu déjà avalé de ton breuvage ?

– Oui, grand-père, j'en ai bu lentement. Je sens maintenant l'odeur de la résine qui effraie les mauvais esprits de la selva.

– Très bien, je brûlerai un peu plus de résine, si ça te plaît.

Ensuite, mon grand-père prit à sa gourde plusieurs gorgées de sa potion hallucinogène. Puis il apporta aussitôt deux toucans, m'en donna un et resta avec l'autre attaché à un côté de son siège. J'en fis de même.

Vaincu par la fatigue, je m'endormis rapidement. Le balancement de mon hamac semblait m'entraîner loin, très loin dans mes rêves. J'avais l'impression de me heurter à un mur de cristal et de tomber bruyamment dans des tourbillons de liquide gazeux.

Les trilles des toucans me réveillèrent. Comme c'était merveilleux d'avoir dormi dans la pyramide sacrée d'un homme de savoir. Mon corps rajeunissait, je sentais un soulagement intense, mes pensées s'agitaient, mon esprit se projetait dans une autre harmonie, un monde différent. Ici, dans la maloca, la température avait changé, le climat était sain, comme en haute montagne. Tout ici était invitation à la réflexion, à la méditation et à la prière. De la jungle provenait une sorte de mélodie douce et intense. C'était l'hymne de notre liberté, la chanson d'amour pour la vie des oiseaux, des cigales et des grillons.

Mon grand-père zucano revenait du fleuve où il avait pris son bain matinal.

Je le saluai simplement d'un « grand-père ». Il me répondit de la même manière : « fils ». Cela devint notre salut quotidien tout au long de notre vie commune. Parfois mon grand-père lançait des cris, imitant quelque oiseau, animal, insecte et je l'imitais à mon tour. C'était une manière de saluer la forêt, notre mère.

Parfois, le vieux Zucano frappait les ailerons des larges racines des fromagers géants, créant un écho qui voltigeait très loin. Comme un perroquet, je répétais ses gestes et donnais des coups sur les mêmes arbres. C'était une suite continue de cris et de bruits dans la forêt. Jusqu'au moment où mon grand-père éclatait de rire car il trouvait mes imitations comiques.

J'ignorais combien de temps s'était écoulé depuis mon arrivée. Le temps n'était plus mon ennemi. Au contraire, le temps n'existait plus.

Par une soirée tiède d'été où la clarté de la lune pénétrait par la haute toiture de la maloca, je me mis à poser des questions cruciales à mon grand-père zucano :

– Dis-moi, grand-père, que représentent les dessins que tu as fait sur les quatre étais qui soutiennent ta maloca ?

– Fils, me dit-il, je crois que le moment de parler avec toi est arrivé. Déjà, nous avons parcouru du chemin ensemble durant plusieurs lunes. D'abord, je veux te remercier de m'avoir fabriqué ce siège avec les racines du bois de « sang ». Sa couleur me plaît. Il est dur, les termites ne le mangent pas et il n'est pas attaqué par l'humidité. Ce cadeau a beaucoup de signification pour moi. Quand je mourrai, je l'emporterai dans ma tombe. Tous les animaux te connaissent. Eux aussi savent qui tu es. Surtout les toucans. Ils te parlent avec leurs chants et leurs cris. Nous formons déjà une famille et c'est très bien... Fils, pour répondre à ta question tout cela n'est pas facile à expliquer, mais j'espère que tu comprendras.

Nous, les Zucanos, nous croyons que l'univers infini est comme une maloca, soutenue par quatre piliers. Ceux-ci représentent les grandes forces que nos sens captent tous les jours. Par exemple : ce premier étai est fait dans le même bois que celui avec lequel tu as fabriqué mon siège, c'est-à-dire du bois de sang. Dessus, j'ai dessiné une figure mi-femme mi-dauphin. Ce dessin représente la Terre et les grands êtres aquatiques. Les cheveux de la femme tombent dans son dos comme des feuilles vertes et celles-ci symbolisent notre foyer, la selva. Ses seins, qui nous donnent notre premier aliment, sont les fruits de la terre que nous mangeons quotidiennement. Cette femme symbolise également l'amour et la tendresse. Elle est l'image du respect que nous portons à toutes les femmes indigènes. Cet autre soutien est en bois jaune de cannelier ; son odeur nous rappelle le parfum de la forêt, les fleurs de cet immense jardin et la fleur éternelle, c'est-à-dire notre esprit. Là, j'ai dessiné un énorme anaconda. Ce boa représente l'eau et le commencement du monde, la science universelle. C'est de ce gigantesque serpent que sont nés tous les êtres vivants, toutes les créatures qui peuplent la selva – les indigènes, les insectes, les oiseaux, les poissons, les mammifères... Nous sommes tous nés de son ventre. C'est pourquoi nous nous peignons le corps aux couleurs de l'anaconda. Ce troisième est taillé dans un bois qui s'appelle « arbre violet ». J'y ai dessiné une harpie en plein vol dans l'azur. C'est l'effigie de notre liberté, de l'énergie des cieux, du vol de notre esprit et de la toute puissance de l'homme. Cet ensemble symbolise l'air. Enfin, ce dernier pilier en bois « d'acuari-cuara » est le symbole du feu. J'y ai dessiné un grand hibou qui représente le monde de l'au-delà et des esprits maléfiques. Le hibou correspond aussi au pouvoir de métamorphose que nous subissons, nous les sorciers et guérisseurs de la selva. C'est le monde invisible et la porte sur l'inconnu.

Mon grand-père fit une pause pour boire de sa boisson hallucinogène :

– Fils, regarde bien comment est construite cette maloca : elle a deux portes et deux fenêtres. La porte d'entrée est placée en direction du lever du soleil. Nous pouvons ainsi recevoir les premiers rayons du jour jusqu'à midi. La porte de derrière est située de manière à recevoir les rayons du soir et du couchant, quand le soleil cède la place aux astres de la nuit. Notre maloca nous sert donc à mesurer le temps. Elle est une sorte de calendrier. Nous croyons également que la maloca est comme notre corps. La porte d'entrée correspond à notre bouche, à l'ouverture par laquelle entrent chaque jour les aliments, et la porte de sortie représente l'anus, l'orifice par lequel nous évacuons les déchets de notre organisme. Fils, ajouta-t-il, regarde bien les deux fenêtres de chaque côté de la maloca. Elles sont comme nos oreilles. C'est par ces ouvertures que nous entendrons les sons cosmiques, la rumeur des étoiles et la colère des esprits qui habitent là-haut. Ces deux fenêtres nous servent également d'yeux pour voir le scintillement des étoiles lointaines, recevoir les rayons sacrés de la lune et admirer la splendeur des éclairs.

Les yeux de mon grand-père s'évadèrent alors, comme s'il pénétrait d'autres domaines, d'autres horizons ondulants. Il étendait les bras et, avec ses mains, dessinait dans l'espace des figures compliquées, me suggérant des profondeurs inconnues, des hauteurs lumineuses et des cavernes cosmiques. Je me laissais guider par mon grand-père qui m'emmenait par la main dans l'univers de son choix. Ses yeux brillaient et s'agitaient tels les globes d'un caméléon géant. Il était sur le point d'abandonner son corps pour laisser planer l'oiseau de son esprit. Dans ces instants, il n'y avait personne pour m'indiquer ce que je devais faire. Rapidement, je m'approchai du feu et versai l'huile alimentant les flammes des visions intérieures. Brusquement, des centaines de flammes aux couleurs vertes, bleues et orange s'élevèrent et la maloca s'emplit de parfum d'encens.

Soudain, comme soulevé par un ouragan, mon grand-père prit un toucan et il commença une danse frénétique autour des flammes multicolores. Tout en maintenant un autre toucan dans mes bras, je suivais ses pas. Nous chantions ensemble et les oiseaux se mirent à chanter en chœur comme si, eux aussi, étaient atteints des mêmes convulsions cérébrales. Mon grand-père tenait dans une main un bâton de chaman avec une clochette en coquille de noix. Dans l'autre main, il portait le toucan et nous dansions ainsi inlassablement. Nous ne sentions pas la fatigue et les heures s'écoulèrent lentement. Le feu illuminait nos visages baignés de sueur et mon grand-père répétait :

– Oh ! Oh ! Oh ! Ooooooh
Zucano quitte la terre,
Zucano quitte l'air,
Zucano quitte le feu,
Zucano, fils de l'eau cristalline,
Zucano retourne à l'eau,
Zucano ouvre la porte de l'eau cristalline
Oh ! Oh ! Oh ! Oooooooh.

Nous bûmes encore de nos breuvages et c'est alors que commencèrent à défiler nos premières visions. Je levai les bras vers le ciel, mes yeux étaient grands comme ceux d'un aigle géant et j'avais la sensation de devenir jaguar. Puis, je me transformais en énorme grenouille verte, avant de me glisser dans la peau d'un monstrueux anaconda. Enfin, m'apparut le visage de mon grand-père Chijj-Kaa-Ba émergeant lentement d'un lac rempli d'une boue rouge et collante qui lui couvrait le corps, les bras et les mains, et le paralysait. Il levait désespérément les bras comme s'il m'appelait au secours. Puis il disparut en quelques secondes. L'angoisse s'empara de moi et je luttais pour le faire revenir dans mes visions, mais en vain. Les puissants effets du yajé continuaient de faire affluer les visions au fond de mon crâne. Cet état se prolongea jusqu'à l'aube. Mon grand-père zucano était monté dormir au premier étage. Je m'écroulai à même le sol tiède. Retrouvant peu à peu mon état normal, je parvins à entendre les chants des toucans annonçant un jour nouveau et sentis en même temps une forte odeur de poisson frais. Il me sembla alors distinguer à travers la brume matinale les épaules d'une jeune fille à la peau blanche qui s'éloignait mystérieusement par un chemin que je ne connaissais pas encore, mais que je mémorisais instantanément. Sous les derniers effets de la substance hallucinogène, tout était plus facile à capter et mon cerveau travaillait à une vitesse vertigineuse, enregistrant le moindre mouvement. Cette odeur m'était aussi familière, parce que je l'avais respirée pendant de nombreuses années au cours de mes voyages par les fleuves et lacs de la selva. Elle ressemblait à celle des poissons à peau, tels les grands bagres et poissons chats. Je me levai d'un bond. Au-dehors, quelqu'un avait déposé un panier qui n'était ni celui de mon grand-père ni de quelqu'un de la tribu, car cette forme de plateau et ce style de vannerie, personne ne savait les faire chez les Zucanos. Au centre de ce panier plat vivaient encore divers poissons qui ouvraient leurs branchies pour respirer et dont la couleur pourpre et les minuscules écailles produisaient des reflets merveilleux !

Je pensai que j'étais encore sous l'effet du yajé, mais mon grand-père s'approcha silencieusement, emporta les poissons puis les déposa dans une jarre contenant de l'eau fraîche du fleuve. Là, il pouvait les conserver en vie. Je ne lui demandai rien. Je ne touchai à rien.

Alors, toujours silencieux, mon grand-père se dirigea vers le fleuve pour prendre son bain quotidien.

Il revint de son bain le visage rayonnant de bonheur.

– Fils, me dit-il très aimable, en guise de salut.

– Grand-père, lui répondis-je, essayant de dissimuler ma curiosité.

Je crus que le vieux fumerait les poissons. Mais il n'en fut rien. Ceux-ci restèrent des jours dans la jarre. Je n'en avais jamais vu de semblables. Je m'en approchais de temps en temps pour les observer ; ils ressemblaient à des poissons-néons, avec leurs petites écailles aux reflets étranges. Nous ne mangions jamais ces poissons de couleur des fleuves et lacs, car leur chair sucrée apparaissait vénéneuse aux indigènes qui les considéraient comme des esprits. Ma mère me disait : « Fils, ces poissons ne se mangent pas, les gens qui en avalent deviennent fous. »

Après cet épisode mystérieux, la vie continua, imperturbable. Je sortais avec mon grand-père pour méditer en certains lieux de la selva. Il m'apprenait à préparer des remèdes avec des plantes que je ne connaissais pas encore. Il me montra comment certaines guêpes tuaient les vers qui détruisent les feuilles de nos plantations. Aussi transportâmes-nous plusieurs nids de ces guêpes à la grande chacra commune pour qu'elles protègent notre jardin. Des milliers de larves de sauterelles et de papillons, qui se nourrissaient des feuilles tendres du manioc et des autres fruits de la plantation, furent détruites par les guêpes carnivores. Mon grand-père m'enseigna également comment faire du feu en frottant deux brindilles sèches de certains arbres fibreux.

Nous transportâmes plusieurs essaims d'abeilles près de la maloca afin de ne jamais manquer de miel. J'appris aussi à préparer des substances contre l'impuissance sexuelle des hommes en utilisant le pénis osseux du « coati-mundi ». Il faut retirer avec beaucoup de soin son pénis recouvert d'une fine couche cartilagineuse, puis ôter cette enveloppe et garder l'os pour le faire sécher au soleil pendant deux semaines avant de le fumer plusieurs jours. Ces opérations terminées, mon grand-père râpait l'os sec et préparait une infusion épaisse avec la fine poudre. Il m'expliqua :

– Ce remède sert à retrouver sa virilité perdue. C'est un vieux de la tribu qui m'a chargé de la préparer, car il a deux femmes qui lui réclament encore des rapports réguliers parce qu'elles désirent avoir des enfants. On utilise aussi de la cire mélangée au miel et aux excréments d'abeilles en y ajoutant du jus d'ananas cuit fermenté. Cette préparation stimule aussi le désir et redonne des forces.

« A présent mon fils, je voudrais te faire découvrir toute la richesse spirituelle accumulée en chacun de nous. Tu vas recevoir les visions d'une petite partie d'un autre mode de vie qui nous est propre. Nous portons encore en nous le principe vital des premiers hommes qui sont apparus dans cette forêt voici des milliers d'années. Ce sont nos ancêtres. Nous sommes nés du ventre du boa géant, c'est pourquoi nous croyons que nous sommes issus des malocas construites sous les profondeurs des eaux.

« Bientôt, je vais te donner une occasion unique dont personne n'a encore profité dans la tribu. Je te donne de mon breuvage parce que j'ai compris à travers mes visions qui tu es, fils. Tu es un grand arbre aux racines profondes. Tu es un arbre médicinal. Ton essence guérit les blessures matérielles de la chair ainsi que les lésions intérieures de notre esprit, ton essence est le baume spirituel qui fortifie notre état de contemplation. Tu as décidé de subir une mutation différente de celle de ton grand-père jaguar. Je crois que tu as bien choisi. Tu parles avec tes frères arbres et tu danses autour d'eux. Cette association secrète entre les différentes mutations nous permettra de rester en vie au-delà de nos capacités humaines. Nous ne sommes pas immortels, c'est la vie qui ne meurt jamais. Nous sommes des petites fourmis à l'intérieur du grand ensemble merveilleux de la vie. Nous sommes une partie de cet immense organisme vivant qui se débat devant nos yeux mais que nous ne réussissons pas à voir.

« Nous, les indigènes, avons fait de grandes découvertes au cœur de la selva. Et c'est grâce à ce monde de silence et de solitude sacrée que nous sommes devenus des êtres d'une grande spiritualité. Notre monde est plus spirituel que matériel. Autour de nous, nous sentons que nous ne sommes pas seuls, qu'il y a d'autres « habitants » invisibles qui partagent notre espace. Nos cinq sens sont beaucoup plus développés que ceux des Blancs. Et notre organisme est très différent. Le leur est affaibli comme leur esprit et leur pensée. Les Blancs avancent vers leur propre destruction. Nous, nous marchons vers le renouvellement de la vie. Nous recherchons l'harmonie avec les organismes minuscules et ceux dont la taille est incommensurable.

« Tout ce monde incommensurable où palpite le principe de vie, ce vierge berceau dans lequel nous sommes nés produit un cycle vital puissant. C'est pour cela que notre selva est sacrée ; elle permet que tous nous puissions vivre et respirer. L'homme blanc refuse de comprendre cela. S'il pouvait faire brûler toute la forêt vierge pour en extraire tout l'or qu'elle contient, il n'hésiterait pas une seconde.

« Fils, me dit le vieux Zucano, les savants blancs n'ont aucun droit de déformer notre histoire indigène. Il suffit de voir ce qu'ils ont fait avec nous, avec ta tribu miraña, avec nos frères Yanomamis et des centaines d'autres tribus. Nous, nous respectons l'histoire de la tribu des Blancs et ne profanerons jamais leurs temples sacrés, leurs figures saintes, l'image du Christ sur la croix. Eux, au contraire, ils détruisent nos vies, profanent nos lieux sacrés, volent nos reliques, dévastent notre temple, la forêt, nous interdisent de parler notre langue et de pratiquer nos traditions, les jetant aux ordures et les rejetant dans l'oubli. Malgré tout cela, nous ne pouvons mépriser aucun être humain. Nous n'avons pas le droit de haïr qui que ce soit. Avant, nous ignorions les Blancs. A présent que nous les connaissons avec leurs mauvaises intentions, si jamais l'un d'eux venait chercher refuge dans notre tribu, nous le recevrions avec les mêmes égards que pour nos proches. Ils nous expulsent de notre forêt, mais personne ne pourra chasser la selva de notre cœur. Je suis assis ici, avec toi et là, à nos côtés se trouvent les enfants et nos femmes indigènes, au milieu de cette immense selva ;.je suis ici en train de toucher de mon corps et de mes mains la terre qui nous appartient. »

Sans aucun doute, je me trouvais à nouveau devant un homme au cœur noble. Un autre grand-père-connaisseur semblable à mon grand-père jaguar. Et, une fois encore, en pleine selva, je recevais ses paroles comme une espèce de « décalogue indigène ». Il me confiait les connaissances et les lois de la forêt. Il me transmettait oralement une partie de son grand savoir.

– Tu as raison, grand-père, l'interrompis-je, peut-être un jour l'homme blanc regrettera-t-il d'avoir participé à la destruction de notre monde. Mais cette terre n'est pas à eux seuls, elle appartient à tous les êtres vivants, à tous les humains. Nous devons faire quelque chose pour empêcher cette folie collective qui domine la pensée des Blancs, leur faire comprendre que la vie primitive que nous menons sert à préserver la vie de tous les hommes.

Mon second « voyage » d'initié

– Fils, me dit mon grand-père zucano, viens, je vais t'offrir pour la première fois de ma boisson sacrée. Elle t'emmènera très loin, vers des lieux inconnus, des hauteurs ignorées, des eaux jamais vues, tout sera nouveau dans tes futures hallucinations. Moi, je ne boirai rien. Je veillerai sur toi durant ton voyage spirituel. Tandis que ton esprit quittera le centre de ton être, je veillerai à ce que personne ne s'approche, à ce que rien ne vienne interrompre notre cérémonie. Je te protégerai, fils. N'aie peur de rien. Sois fort et prononce la prière sacrée, afin que le Grand Esprit te permette de supporter les convulsions qui vont te gagner.

Après avoir prononcé les paroles sacrées en direction des esprits des visions intérieures, je bus le breuvage. Je fus rapidement immergé dans cet espace où les esprits nous font voir d'autres images. Mon grand-père disait :

– Fils, tu as pris de mon liquide et tu dois supporter tout ce que tu verras. Sache que tu ne vois pas avec tes yeux.

Le vieil homme fouilla alors à l'intérieur d'une cicatrice à sa cuisse gauche, pour en extraire trois cailloux ovales, d'une couleur étrange, une sorte de vert rainette, oui, je me souviens, c'était bien la couleur de leur peau. Je les déposai dans la paume de ma main gauche et, au bout de quelques secondes, les petites pierres émirent une étrange lumière... C'était une lumière puissante, aveuglante, comme celle des éclairs d'orage. Puis mon grand-père m'ordonna de poser les pierres sur le sol, et celles-ci, comme dirigées par une force surnaturelle, se placèrent d'elles-mêmes en forme de triangle rectangle puis s'éteignirent subitement.

– Fils, mets les pierres dans ta main droite !

Je m'exécutai aussitôt, mais elles ne s'illuminèrent pas.

– Cette lumière que tu as vue n'apparaît que dans la paume gauche des initiés tels que toi. Si jamais quelqu'un découvrait ces cailloux, ce serait la fin de leurs pouvoirs étranges.

Mon grand-père zucano conservait donc le secret de sa vie, à l'intérieur même de son corps. Cette luminosité, comme issue d'une autre dimension, renfermait sans doute un être puissant et invisible et je sentais qu'il s'agissait d'un esprit. J'étais stupéfait, mais loin de toute peur. J'étais plutôt gai, j'allais recevoir son message. Lorsque la lumière m'éclairait, mon corps se diluait en des millions de particules qui s'éloignaient dans le firmament. Comme si j'étais une poudre cosmique, semblable à celle traînée dans la queue des comètes. Mon voyage spirituel avait commencé. Mon grand-père disparut. Je voyagerais seul, complètement seul, mais j'avais pour guide les trois pierres sacrées. Dès mes premiers pas, je vis s'ouvrir les portes mystérieuses d'une selva exubérante. Je levai les yeux vers le ciel bleu, me promettant de rester calme et serein face à toutes ces choses surprenantes qui auraient pu semer en moi de la terreur. Il me fallait revenir aux enseignements sacrés de mes deux grands-pères : patience, réflexion, méditation, ces forces bien supérieures à mes pauvres muscles de chair. J'avançais en toute sérénité, comme si le but m'était déjà connu. J'allais, sûr de moi avec ma conscience, forteresse spirituelle acquise au fil des années. Les sons du maguaré me rappelaient les rythmes d'une marche indigène lointaine.

Au terme du premier jour de marche à travers la dense forêt de gros et grands arbres – une multitude de cèdres rouges, d'arbres violets, de bois de sang, et de bois de rose dont le parfum inondait cette jungle enchantée –, j'arrivais sur les flancs d'une montagne couronnée de nuages et de brumes éternelles. Les falaises recouvertes de lichens et de mousses coupaient une bonne partie de la forêt. A mesure que j'avançais, je constatais que la selva était libre et vierge. Personne n'habitait ces lieux. La solitude seule agitait les ombres de la jungle brumeuse. J'étais attiré par le sommet nuageux des chaînes circulaires de montagnes. Quand j'arrivais au pied de l'une d'elles, le soleil peignait de rouge sang toute la selva. C'était la relève de la nuit. Bientôt les échos des chouettes résonnèrent telles des cloches de bronze à travers toute cette ondulation terrestre. Les premiers vers luisants filèrent à travers les palmes. Des milliers de vampires lançaient leurs cris terrifiants. Une forte odeur se répandit. Au loin, les derniers rayons du soleil explosaient en éclairs d'or rougeoyants. Je m'endormis à l'abri de cette immense toile.

Tôt le lendemain, je pris les trois pierres dans mon sac et les jetai à terre. Comme la première fois, elles se déplacèrent, mues par une force étrange, pour former un triangle rectangle dont le sommet m'indiquait la direction à prendre. Il me fallut tourner plusieurs fois, toujours du côté gauche, autour d'une certaine zone de la montagne. Puis je lançai à nouveau les trois pierres qui me conduisirent vers une grotte labyrinthique. Malgré l'obscurité, je n'eus jamais la hantise de me retrouver face à des monstres, à d'énormes serpents, ou d'autres espèces aux esprits mystérieux. A chaque fois que les chemins souterrains se divisaient, j'utilisais les pierres pour choisir la bonne direction. Bientôt, je ne distinguai plus rien. Je mis les pierres dans ma main gauche, et une lumière, en forme de triangle, m'entoura. Je suivis la pointe de la lumière. C'était le nord, ma boussole secrète. J'avançai, sûr de moi : la découverte était chargée de bons présages. Je marchai des jours et des nuits, sans savoir où étaient leurs frontières. Je dormais dans l'obscurité et m'éveillais dans l'obscurité. Après un certain temps baigné dans cette atmosphère, j'atteignis un grand mur percé de trois portes en forme de triangle rectangle. J'étais perplexe et, pour la première fois, je réalisais combien les trois pierres de mon grand-père avaient de valeur. Une brève réflexion me fit choisir celle de gauche. A mon passage, les deux autres portes s'ouvrirent sous la violence des eaux qui en jaillirent, comme si deux fleuves tranchaient le cœur de la montagne. Là non plus, je n'eus pas peur. Je gravis lentement les marches taillées par des êtres que je ne connaissais pas encore. Rien n'arrivait au hasard. Tout semblait prévu pour mon arrivée. Ma longue marche par une journée bien réelle était née des mystères qui imprégnaient la vie de mon grand-père zucano.

Les trois pierres se mirent à briller encore plus fort. Je me rapprochais de la cime de la montagne. Ma respiration se faisait difficile, je devais faire beaucoup d'efforts. Mes poumons n'étaient pas habitués à l'altitude. Je ne saurais dire combien de milliers de mètres j'avais escaladés durant ces jours sans repères. Ce temps appartenait au cœur de la montagne inconnue. Je ne saurais dire si j'avais grimpé en direction du ciel ou si, au contraire, j'étais descendu vers les abîmes. L'escalier que j'avais gravi tenait plutôt d'une spirale. J'avais la sensation que les parois rocheuses de la montagne cachaient une mer agitée. Un rayon de soleil pénétra au centre de l'un des énormes gradins. Le soleil avait creusé un orifice millénaire au cœur même de la roche. C'était le toit par lequel je devais sortir. J'arrivai enfin aux derniers échelons et à une porte triangulaire à ma gauche. Elle était ouverte et, une fois franchie, une clarté magnifique m'accueillit. Tout ce que je vis alors était merveilleux. J'étais de nouveau dans ma selva. Les arbres géants, les papillons multicolores, le chant des toucans, les tapirs et chevreuils qui couraient et s'amusaient sans cesse : la selva sacrée était de nouveau devant mes yeux. C'était incroyable ! J'avais traversé des tunnels obscurs, monté des escaliers millénaires, franchi l'obscurité de notre genèse, la nuit des temps, pour rejoindre ma chère forêt d'Amazonie.

Mais, là, personne n'avait tracé de chemins ni construit de malocas ou cultivé de chacras. La forêt était intacte. Le vert qui s'étendait à l'horizon était comme une vague de paix pour mon âme. Je me trouvais encore sous l'effet des jours interminables passés dans les tunnels obscurs. La lumière m'aveuglait par instants. Ma peau était pâle, mais j'avais gagné une énergie mentale qui me faisait voir au-delà des choses. Je m'assis pour observer le vol des aras rouges, bleus et verts. J'écoutais le cri des singes hurleurs et le sifflement aigu des pies de l'été. Les corbeaux, les hirondelles grises et une foule d'oiseaux ne cessaient de me saluer. Face aux nuages qui couvraient au loin la pointe bleutée des montagnes, la selva était un immense théâtre en ébullition. Mes pensées suivaient les infimes ondulations, mes yeux découvraient les ailes blanches des garzettes et, bientôt, un vent doux caressa mon visage et m'apporta cette fameuse odeur de poisson que j'avais si souvent sentie dans la maloca de mon grand-père zucano. Perdu dans mes pensées, les yeux plongés dans le lointain, je m'endormis profondément, me laissant choir comme un sac dans le vide de mes rêves.

Je me réveillai très tôt le lendemain. D'épaisses brumes s'accrochaient à la cime des arbres. Cette selva était la même que la mienne, là-bas, dans les basses terres ; elle succédait à la forêt que les Blancs avaient détruite avec leurs machines. Seulement, ici, dans ces hauteurs montagneuses, ils ne pourraient pas monter avec leurs lourds engins. C'était la selva cachée qui avait échappé aux découvreurs espagnols et portuguais, la selva préservée des expérimentations scientifiques de l'homme fou de notre ère. Jusqu'à quand durerait cet Eden ? Je n'en savais rien. Peut-être toujours. Je le souhaitais. Je voulais sauver toute cette forêt aux cimes bleues et touffues. Il ne me restait que très peu de miel dans mon sac et mes cœurs de palmier étaient finis depuis longtemps. Je me mis en quête de nourriture et me dirigeai vers des arbres aux fruits doux, pulpeux et à la saveur agréable. Je grimpai au palmier asai et récoltai une grande quantité de fruits mûrs. J'extrayai le cœur des palmiers, cueillai les fruits du cacao et, avec toute cette récolte, je regagnai l'endroit d'où j'étais venu pour la première fois. Je mis mes aliments à l'abri sous les feuilles fraîches des bananiers puis trouvai un arbre aux branches épaisses semblables aux palétuviers pour y construire ma cabane. Je fis une espèce d'échelle avec des lianes rugueuses, coupai des feuilles de Jessenia et couvris la charpente que j'avais attachée en haut de l'arbre.

En deux jours mon petit refuge était terminé, bâti à trois mètres du sol. Les racines de l'arbre faisaient plusieurs mètres de haut, ce qui m'avait facilité la construction. Je partis alors explorer la forêt vierge infinie. Une forêt intacte, peuplée de créatures dénuées de peur et d'effroi face aux visages des Blancs. J'avais envie de rester là, comme si j'étais l'unique survivant de ce nouvel Eden des hauteurs. Les troncs rugueux des arbres étaient d'une couleur bleu-vert et des résines au parfum du bois de rose coulaient de leur écorce. Au milieu de cette végétation luxuriante, je découvris des clairières où couraient paisiblement des ruisseaux aux eaux cristallines. Sur les rives, on voyait des biches grises et jaunes qui buvaient en compagnie de grands pauxis au bec rouge. Des dizaines de tortues Morrocoy cherchaient également la rive pour s'abreuver. En m'approchant des eaux transparentes, je pus distinguer des centaines de pépites d'or brillant faiblement dans le lit peu profond. Je me penchai pour boire, comme les animaux. Les pépites d'or roulaient, entraînées par le léger courant du ruisseau. Le sable blanc brillait, envoyant de clairs rayons dans toutes les directions.

Quelle merveille ! L'or ne valait rien. La vie incorruptible, la vie dans toute sa splendeur et magnitude, pour moi, c'était cela l'or véritable et le vrai trésor. Je savais que cet or était le symbole sacré et l'offrande aux dieux, esprits et chefs indigènes de la selva. Je ne pouvais rien toucher, parce que ce n'était pas à moi. Ce n'était pas mon territoire mais, au fond de moi, j'espérais qu'il soit habité. Ce seraient les seuls et derniers hommes innocents de ce monde. Là-bas, à l'extérieur, habitaient des hommes qui pensaient qu'en construisant des centrales hydroélectriques, en exploitant l'or, la bauxite et les diamants, en dévastant la forêt, notre foyer indigène, ils ouvraient de nouveaux horizons à l'humanité. Mais cette pensée perverse ne faisait que les conduire sur le chemin de la destruction de notre planète.

Je parcourus rapidement une grande partie de cette jungle aux arbres épais mais moins hauts que ceux des basses terres et j'eus le sentiment que les arbres me parlaient, leurs branches ressemblaient à des bras affectueux chargés de feuilles lisses et arrondies ; des fleurs aux pétales blancs couronnaient leurs têtes touffues et les années avaient taillé dans leur écorce rugueuse des figures capricieuses. C'étaient des images grotesques, tantôt diaboliques tels des monstres d'outre-tombe, tantôt paisibles, à l'effigie de vieux solitaires. J'étais en admiration devant les étranges tracés dans ces écorces proches des acacias. Mon grand-père zucano m'avait dit que j'étais un homme arbre et je crois qu'il ne s'était pas trompé. J'aimais mes frères arbres.

Le sol de cette forêt était recouvert d'une masse sombre et acide de millions de feuilles mortes. Sur les troncs tombés à terre, poussaient toutes sortes de champignons, des lichens et des mousses qui absorbaient les éléments nutritifs de l'écorce en décomposition. Toute cette vie en gestation était un spectacle admirable. Le vieux corps des arbres servait à son tour d'aliment pour d'autres espèces, perpétuant le cycle éternel de l'évolution. Cette épaisse couche d'humus nourrissait la forêt, la faisait vivre et renaître. C'était une rotation infinie de la vie et de la mort. Marchant sur la terre sombre de la forêt intouchable des montagnes, je me souvenais de mon enfance, dans ma forêt, près du ruisseau Caimo, quand je courais et me roulais dans la même peau obscure de la jungle. Je prenais dans mes mains un peu de cette masse végétale de feuilles mortes et l'emportais pour fertiliser nos plantes qui poussaient là-bas dans les chacras. Humant le parfum de ce sol capitonné, je ramassai un morceau d'humus et aspirai profondément son odeur.

Quelques cris de singes laineux me sortirent de mes rêves, comme s'ils voulaient m'indiquer un chemin à travers les lianes épaisses et les grosses branches. C'étaient mes premiers amis. Ils descendirent des branches puis s'approchèrent lentement de moi. Le plus fort venait devant ; il me sentit les pieds, lécha mes mains, lança plusieurs cris, puis grimpa sur mon dos, ameutant toute sa bande. Habitué au langage des créatures de la jungle, je compris que les singes laineux étaient en train de m'aviser d'un danger imminent. J'avais parcouru une centaine de mètres quand je découvris la cause de leur panique : un énorme anaconda d'au moins douze mètres de long et gros comme le tronc d'un palmier était en train d'étrangler un singe laineux qui se débattait désespérément.

Je cherchai aussitôt un palmier nain, coupai son mince tronc et y taillai une sorte de lance que je plantai aussitôt au milieu du cou du serpent. Comme secoué par une décharge électrique, le boa relâcha sa proie, se déroula et se précipita dans les eaux profondes qui se trouvaient à proximité. Je pris délicatement l'imposant singe laineux et constatai qu'il était encore en vie. Je sortis mes herbes médicinales de mon sac de fibres, partis chercher de l'eau dans ma gourde et y diluai une résine qui stimule la circulation du sang. Après avoir avalé plusieurs gorgées de cette potion, le singe se remit à respirer, avec difficulté cependant. Je préparai un feu lent avec quelques branches sèches et j'y mis à réchauffer une huile que je lui passai ensuite sur le ventre, le thorax, la colonne vertébrale, les bras et les jambes. L'asphyxie lui avait gonflé le ventre. Les singes, perchés dans les branches, assistaient curieux à la résurrection de leur chef. Sa corpulence supérieure à celle de ses semblables et la façon dont ceux-ci paraissaient désorientés et attentifs au moindre mouvement de celui qui gisait à terre m'indiquaient qu'il s'agissait de leur guide et protecteur. Placé par ces singes devant une telle responsabilité, j'utilisai tout ce que je savais de la selva pour le sauver.

Je cueillis alors quelques feuilles d'une plante parasite pour les faire bouillir à feu doux avec la résine que j'avais déjà administrée au singe. Ce mélange devait lui permettre de récupérer ses mouvements, ses muscles ayant été paralysés par la strangulation. J'enveloppai alors le corps endolori du singe avec les feuilles chaudes mélangées à la résine. Je renouvelai cinq fois l'opération, jusqu'à ce que l'animal ait retrouvé un minimum de mobilité. Vu son état critique, je décidai de l'emmener dans ma cabane arboricole. Toute la bande de singes me suivit en sautant de branche en branche. Je grimpai à l'échelle de lianes, déposai le corps mal en point sur le sol de branchages de ma maloca suspendue. Je préparai d'autres jus de feuilles destinés à calmer les douleurs musculaires. Au bout d'une semaine, mon compagnon laineux allait mieux. Il pouvait s'asseoir en s'aidant de ses longs bras. Sa façon de me remercier consistait à émettre des sons graves et à m'observer de ses profonds yeux noirs, comme s'il gravait dans son cerveau les traits de mon visage et les expressions de mon regard.

Les singes laineux partaient en bande le matin de bonne heure. Ils revenaient le soir chargés de feuilles, de fruits et de noix qu'ils déposaient sur le sol de ma cabane, afin que leur chef puisse s'alimenter normalement. Une sorte d'amitié et de solidarité s'était instaurée entre nous. Dix jours plus tard, mon compagnon pouvait déjà se lancer, de lianes en lianes, jusqu'aux branches hautes des arbres proches de notre cabane. Quelques membres du groupe s'approchaient de lui et le caressaient avec leur longue langue, et ils répondaient en chœur à chacun de ses cris. Par un chaud matin d'été, alors que je m'éveillai, je constatai que tous les singes étaient partis au loin avec leur chef bien rétabli. Pour moi, ce fut une sorte de victoire. Je poussai, en les imitant, un long cri qui se propagea à travers l'épais feuillage. Je ne reçus pas de réponse, mais je sus que j'avais vécu une autre étape de ma vie avec les animaux de la forêt. J'avais connu auprès de ces singes une forme d'amitié, moi qui, jusqu'alors, était plutôt habitué à les chasser.

Je repris mon exploration et marchai des journées entières. Souvent, je m'éloignais tellement de mon refuge arboricole que je m'endormais près d'énormes roches. Il n'était pas tombé une goutte de pluie depuis des jours. Je suivais le soleil et une garzette qui s'approchait me signala que je trouverais bientôt de l'eau. Je pris la direction du vol de cet oiseau lacustre et, soudain, apparut au loin un immense lac aux eaux bleues. Des pierres, d'énormes rochers et une multitude de mouettes formaient le paysage que je venais de découvrir. En m'approchant du lac je fus très étonné de voir qu'il était entouré de quatre murs, aux pieds des montagnes.

Dans ses eaux d'un bleu limpide s'ébattaient les mêmes poissons que j'avais découverts dans la maloca de mon grand-père. Peut-être était-ce un signal de ce dernier ?

Je posai mon sac, ma sarbacane, ma petite machette et, avec une certaine émotion mêlée d'un respect sacré, j'arrachai un belle orchidée puis la jetai vers le centre du lac. Je fis une prière à l'esprit de l'eau avant de m'ébattre aussitôt, tel un poisson, dans ce lac rafraîchissant.

Ah, quel bonheur ! Quelle joie de sentir le contact de l'eau ! Je ne saurais dire combien de jours j'avais passés sans me baigner. La selva m'avait absorbé et j'en étais venu à oublier mon corps. Enfin, je récupérais de mes fatigues. Je nageai toute la matinée. Et je me demandai comment il était possible qu'il existât un si grand lac, au milieu de toutes ces montagnes. Le sable brillait sous le violent soleil tropical. Là aussi, je découvris des pépites d'or comme celles que j'avais vues dans les cours d'eau, en pleine forêt. Le lac était bordé d'innombrables palmiers aux fruits rouges, verts et jaunes formant une masse inextricable et un contraste fantastique avec la sérénité de cette eau bleue transparente. Ce lac avait un pouvoir de séduction et de magie qui ne pouvait se comparer qu'à mes visions intérieures. Je m'allongeai sur la large plage de sable argenté. Tout n'était que paix, une paix sacrée, inviolée et intacte, depuis des millions d'années. Tout était pur, immaculé. La beauté sauvage jamais vue.

Là, étendu sur le sable, je pris la décision de « déménager ». Ici, j'avais de quoi me laver et préparer mes aliments. Je pouvais pêcher quantité de poissons et les faire sécher au soleil pour en extraire de l'huile médicinale. Il y avait des crabes, des écrevisses et des centaines d'escargots. J'adorais manger de ces délicieux escargots d'eau. Avec ma mère, ceux que nous avions ramassés maintes et maintes fois étaient semblables, mais plus petits. Elle m'avait prévenu aussi que manger les espèces terrestres était contraire à nos traditions. Les escargots de terre correspondaient aux esprits mauvais.

Le jour suivant, je pris mon petit déjeuner composé de miel et de fruits de palmier caïmitier et bus de l'eau du lac avant de me diriger vers les palmiers Jessenia. Je cherchai de gros troncs de bois violet, de bois de rose, de bois de sang et de cannelier. Je travaillai sans me presser ; je voulais construire une maloca semblable à celle de mon grand-père zucano. J'arrachai des fibres aux feuilles tendres du palmier cumare et les mis à sécher au soleil. Je tressai alors de grands peignes en palmes de Jessenia puis construisis le squelette de ma nouvelle maloca. Elle était aux mêmes dimensions que celle de mon grand-père zucano, mais je n'obtenais pas la même qualité de travail ; c'était ma première maloca zucano et je maîtrisais seulement la construction des malocas mirañas. Malgré cela, je continuai de dresser lentement ses côtés pyramidaux. Pendant près de deux mois, je travaillais ainsi, sans me hâter, soulevant les énormes troncs en pur cœur – qui, taillés grossièrement avec ma petite machette, serviraient de piliers.

Au bout de quatre mois, « la maloca du lac » fut prête. Peut-être les singes laineux reviendraient-ils un jour. Je savais que d'autres animaux viendraient bientôt rôder et fouiner près de cette curieuse habitation, sur la plage du lac des montagnes. J'avais tressé deux hamacs, un pour ma chambre du premier étage, et l'autre pour mon repos diurne, au rez-de-chaussée. Je fabriquai quelques récipients en terre pour garder de l'eau fraîche, du jus d'ananas fermenté et du miel nouveau. J'avais déterré différentes espèces de plantes médicinales et les avais replantées à côté de ma maloca solitaire. Près d'un tronc couché de bois de sang, je construisis mon lieu de repos, méditation et contact avec les arbres sacrés. J'avais gravé les images de la femme-dauphin, avec sa longue chevelure de feuilles qui lui tombait à la taille. Le boa anaconda, la harpie et le hibou étaient représentés chacun sur un pilier de la maloca. Ainsi, j'avais fait une copie exacte de l'habitation de mon grand-père zucano. J'avais placé les deux portes opposées face aux rayons du soleil levant et couchant et j'avais reproduit les mêmes fenêtres dans le sommet triangulaire.

Je recueillis de l'huile et de la résine qui serviraient d'offrandes pour inaugurer ma maloca. Le jour où je terminai mon œuvre, je fis un énorme tas de branches sèches de bois de rose parfumé. Le soleil était descendu lentement. Au loin, une boule rouge sang se détachait sur le lac. Ses eaux baignées d'or ondulaient, étincelantes. C'était la cérémonie sacrée de l'esprit du soleil.

Je mis le feu à l'énorme tas de branches sèches, comme l'avaient fait mes grands-pères et, bientôt, les flammes bleues s'élevèrent dans le ciel orangé.

Je commençai ma danse par des sauts lents puis me mis à chanter et crier dans ma langue. Je dansais ivre d'une étrange vibration. Je ne m'arrêtai que lorsque les dernières flammes eurent disparu avec les premières lueurs du jour. Je m'écroulai plein de rêves et baisai cette nouvelle terre hospitalière.

Je fus réveillé par des bruits venant des eaux transparentes. Je me levai calmement et, surprise ! je vis le même panier plat que chez mon grand-père Zucano, contenant les mêmes poissons bariolés sautant dans l'eau.

– Grand Esprit ! m'exclamai-je, émerveillé.

Mais, au lieu de la vaporeuse silhouette de la femme au bonnet en peau de serpent, je vis des centaines de dauphins qui sautaient devant moi ! J'entendis leurs cris et sifflement, tels des saluts affectueux. Leurs têtes brillaient sous le tiède soleil matinal. Ils souriaient amicalement et remuaient leurs ailerons. Il y avait là les deux sortes de dauphins peuplant les eaux de l'Amazonie : les roses et les gris. Les dauphins roses n'avaient pas d'aileron dorsal, plutôt une légère protubérance tout le long du dos. Les dauphins gris, quant à eux, avaient des ailerons dorsaux pointus qui apparaissaient à la surface de l'eau, comme ceux des requins de mer. Tous avaient un museau allongé, leurs dents étaient égales et leur cavité respiratoire visible au milieu de la tête. Certains dauphins sautaient et s'amusaient comme des enfants dans une grande piscine. J'étais surpris de voir cette étrange espèce aquatique survivre à plus de quatre mille mètres d'altitude. Bientôt arrivèrent des tortues marines, des canards gris, d'énormes caméléons de fleuve, et un grand troupeau de loutres à la peau dorée. J'observais les pirouettes et acrobaties de ces êtres merveilleux. De grandes vagues commencèrent à se former tandis qu'un vent fort secouait les branches des palmiers. Une grande tempête approchait. Le ciel s'obscurcit, puis le tonnerre et les éclairs se déchaînèrent sur les eaux du lac et la vaste selva. Le bruit de la tempête ressemblait au rugissement des jaguars tapis dans l'épais feuillage. La pluie tombait à torrents, creusant d'innombrables ruisseaux qui drainaient vers le lac tous les détritus de la forêt. Les bourrasques frappaient le lac et soulevaient d'énormes vagues. La surface de l'eau se mua en un champ de bataille. Le vent envoyait les vagues se briser sur les parois des montagnes. L'eau éclatait dans les airs en millions de particules. Les vieux arbres tombaient, vaincus par les furieuses rafales du dieu du Vent. D'autres s'inclinaient, respectueux et soumis, face à son pouvoir destructeur.

Puis tout cessa. Le calme revint. Le vent s'enfuit par les montagnes, victorieux. La paix et la tranquillité régnaient à nouveau. Les eaux se reposèrent de leur terrible lutte contre le vent. L'étendue bleue du lac reflétait la clarté du ciel. La tempête avait nettoyé les feuilles des arbres et un vert brillant illuminait les branches à l'orée de la forêt. Les bandes de mouettes revinrent ainsi que d'énormes iguanes. Les caméléons sillonnaient la surface de l'eau comme sur une immense patinoire gelée, grâce à une fine membrane à leurs pattes arrières qui leur permettait de « marcher sur les eaux ». Je me souvins que les poissons étaient là, hors de l'eau, et je les mis dans une jarre.

Je décidai de fumer tous les poissons offerts par mon ou ma mystérieux(se) ami(e). Je me souvins que mon grand-père zucano ne m'avait jamais donné d'explication sur cette personne inconnue. Bientôt la délicieuse fumée inonda ma maloca solitaire. J'avalai comme un glouton. La plupart de ces poissons m'ayant paru délicieux, je décidai d'en pêcher le lendemain. En attendant, je recherchai près de la maloca les empreintes de la personne qui les avait laissés, mais la pluie avait effacé toute trace. Je ne cessais de m'interroger sur la raison pour laquelle mon grand-père zucano m'avait choisi pour découvrir ces montagnes et ce lac qui gardait une quantité de mystères. Plongé dans mes pensées, je me mis à marcher sur la plage humide.

Plus d'une heure s'écoula ainsi quand, soudain, j'aperçus une silhouette de femme assise sur une roche, au bord du lac. Quelques gouttes d'eau glissaient encore sur sa peau brune. Elle était complètement nue et sa tête était coiffée d'une sorte de chapeau qui brillait très loin. Ses longs cheveux noirs ondulés lui tombaient à la taille. Sa nuque était droite. Ses épaules dessinaient des lignes douces. Ses hanches étaient parfaites et se terminaient gracieusement sur deux fesses rondes que prolongeaient ses belles jambes. C'était plus que merveilleux ! Je restai muet et immobile face à cette mystérieuse beauté. J'attendis qu'elle me découvre, se retourne et me montre son visage.

Quelques minutes passèrent, presque une éternité. Je tremblais, incapable de dire un mot. La belle jeune femme ne semblait pas vouloir montrer son visage. Je fermai les yeux pour m'assurer que ce n'était pas une vision et, quand je les ouvris à nouveau, elle était toujours là, avec ses cheveux humides et son corps de déesse brune. Je regardai au loin et vis que la forêt paraissait figée dans un état de contemplation. Alors, elle se leva brusquement et plongea dans les profondeurs du lac. J'attendis pour voir si elle réapparaîtrait, mais il n'en fut rien. Elle avait disparu aussi vite qu'elle avait surgi, en ce doux soir d'été.

Mon plaisir avait pris fin. J'étais persuadé qu'elle voulait étudier ma réaction à sa présence, chercher quelque indice sur ma manière d'agir, maintenant que j'avais compris que c'était elle l'étrange pourvoyeuse de poissons. Son rapport avec le passé de mon grand-père était inscrit là, au fond des eaux transparentes de ce lac mystérieux. Des centaines de dauphins commencèrent à sauter. Ils poussaient des sifflements et des cris et respiraient bruyamment. Je décidai de nager près du groupe des dauphins gris. Au milieu du lac, je fus encerclé de dauphins roses qui poussaient les gris avec leur gueule pour qu'ils s'éloignent. Les dauphins roses étaient plus forts que leurs cousins. L'un d'eux me prit la jambe et me tira sous l'eau, très profondément, puis me relâcha et tourna plusieurs fois autour de moi. Il s'agissait d'une femelle d'environ 1,70 m de long, encore jeune, à voir sa peau nette, ses dents régulières, ses mouvements rapides et surtout sa gaieté, lorsqu'elle lançait ses sons aquatiques, comme pour entamer un aimable dialogue. Elle me poussa doucement vers la surface ; je respirai profondément et vis que le groupe avait formé un grand cercle autour de la femelle. C'était une sorte de jeu ou une étrange réunion qu'ils célébraient joyeusement. J'avais l'impression qu'ils dansaient en tournant sur eux-mêmes. Ils dégageaient une odeur forte, la même que celle sentie chez mon grand-père zucano. La même également que celle que j'avais respirée durant des années sur les lacs, les fleuves et rivières près de mon village. Là-bas, les dauphins de notre territoire éprouvaient aussi une étrange attraction envers les indigènes. Je ne m'étonnais donc pas que ces dauphins roses me serrent dans leurs ailerons et nagent avec moi en s'amusant. J'étais fasciné par leur joyeux comportement causé par ma présence. Quand je décidai de nager lentement vers la rive, les dauphins m'escortèrent jusqu'à la plage. Puis ils disparurent subitement au centre du lac. Je restai assis un bon moment, espérant les voir resurgir en plein jeu, mais en vain. A l'horizon, les derniers rayons du soleil se diluaient dans un ciel pastel. Sur le lac, la lumière mélancolique des ombres avait construit son nid favori. Ce n'était pas un paysage triste et désolé, mais une image divine créée entre la couleur bleue de l'eau et les flancs opaques des montagnes lointaines. C'était un temps incroyable qui s'installait dans ma mémoire. J'avançais lentement, empli d'une joie intérieure et chargé d'une nouvelle espérance, née de cette rencontre. J'étais ému, mon cœur vibrait. Je dominais mon envie de crier et rire aux éclats. J'étais sous l'emprise d'une fascination intense !

Avant de regagner ma maloca, je fis un détour pour cueillir des feuilles lumineuses que j'avais découvertes quelques jours plus tôt. C'étaient les mêmes feuilles que mon grand-père Chijj-Kaa-Ba m'avait appris à utiliser. En entrant chez moi, je vérifiai que le feu se conservait encore dans la cuisine. Le type de bois utilisé permettait de garder le feu pendant des jours, ce qui évitait de passer des heures à frotter deux petites branches pour obtenir une étincelle. Je mis à cuire quelques ignames violets, réchauffai les poissons fumés, coupai quelques tranches d'ananas et me régalai de ce succulent dîner. Le jus d'ananas fermenté me servit de liqueur pour fêter ma rencontre avec la jeune fille assise près de la plage. Ivre de joie, je me mis à danser autour de la lumière qu'irradiaient les feuilles lumineuses de la forêt. La musique qui sortait du lac me terrassa petit à petit, m'endormant de son rythme régulier. C'était une mélodie jouée sur une harpe aux notes gracieuses, qui se mêlait aux chants des grenouilles, des oiseaux nocturnes et des feuilles de palmiers éparpillées par le vent suave de la nuit.

Je m'endormis rapidement et, dans mes rêves, revinrent les images de mes amis dauphins, leurs rires, et les notes sonores et mélodieuses s'échappant du lac. Je rêvai aussi de mes amis les singes laineux et les vis entrer par la porte de ma maloca pour m'offrir des noix fraîches.

Lorsque je m'éveillai le lendemain, je fus saisi par la sensation de n'avoir jamais été seul. La solitude n'existait pas en ce lieu. Il y avait d'autres êtres qui m'entouraient et luttaient pour me faire participer à toute la joie régnante. J'ignorais si je rencontrerais un jour mes semblables : des indigènes qui avaient gardé le secret du lac de la montagne. Ses eaux transparentes me faisaient penser à d'autres réalités. Et, pendant des jours et des semaines, la clarté de la lumière, les couleurs des feuilles, le chemin des fourmis « scieuses », les fleurs d'orchidées, le renouvellement des plumes des oiseaux et la proximité des trilles de loriots me firent oublier ma première rencontre avec la jeune brune qui vivait là, près des eaux du grand lac.

Chaque soir, je m'asseyais près de la pierre où elle s'était reposée, espérant la voir réapparaître. Je cherchais en vain des traces de son passage dans la forêt. J'attendis longtemps ainsi. Je me consacrais à la culture des plantes médicinales et constatais que le manioc que j'avais planté serait bientôt mûr. J'allais enfin manger du mao et préparer mon caaguin-nne de

Miraña. L'été touchait à sa fin et le ciel prenait une couleur gris opaque. J'allais chaque jour couper du petit bois sec et des branches pour me chauffer durant les nuits humides qui succèderaient aux tempêtes. Je cueillais aussi des noix, des amandes, des écorces odorantes et des résines qui me serviraient de médicament et de combustible pendant la saison des pluies. Dans la forêt tropicale, il pleuvait à torrents, pendant des jours et des semaines, sans discontinuer. On ne pouvait ni planter ni récolter, ni pêcher ni chasser, durant cette période. Les nuits devenaient plus longues, et les douleurs musculaires, les rhumatismes et l'arthrite attaquaient. J'avais heureusement de l'écorce médicinale antirhumatismale et anti-inflammatoire et assez de peaux de loutres pour me préserver de l'humidité. Avec des silex, je fabriquai des haches de pierre à la manière de mes ancêtres, avant l'époque du caoutchouc. Muni de ces haches, je décidai de construire une pirogue pour pêcher et naviguer sur le lac. J'avais transporté plusieurs essaims d'abeilles dans mon jardin et semé des fleurs à leur intention.

Je travaillai un tronc épais de bois « crocodile » pendant des semaines pour obtenir une pirogue moyenne de quatre personnes. Avec de la cire et des résines, je bouchai les orifices du bois. J'étais prêt, désormais, à commencer ma vie de pêcheur et d'explorateur sur le grand lac.

Vint le temps où les bandes de singes hurleurs cessèrent de lancer leurs cris rauques ; les mouettes émigrèrent, les énormes papillons bleus disparurent et, sur les troncs, qui me servaient à fabriquer des masques rituels, apparurent les termites avec les boules noires de leurs nids. A l'approche de la saison des pluies, ces insectes construisaient ceux-ci dans les grosses branches qui leur servaient de toit et d'aliment. Des centaines de boules noires parsemèrent peu à peu la jungle. Un vent humide commença à souffler, l'esprit de l'eau lança sa première note, tandis que les éperviers pêcheurs poussaient leurs cris d'adieu. Tout n'était que bouleversement et agitation. Comme si la selva, le ciel, l'eau, l'air, les animaux, les oiseaux et les poissons se préparaient ensemble à fêter un triste départ. Je sentais la fragance des rejets des fleurs de palmes, et les dernières odeurs de feuilles sèches envahissaient ma maloca. Des milliers d'insectes arrivèrent en visite, taons noirs et jaunes, moucherons et moustiques, abeilles carnivores et guêpes venimeuses. En prévision d'une telle invasion, j'avais recueilli de l'huile de camphre pour m'en enduire le corps. Même si nous, les indigènes, possédons une pigmentation particulière qui nous protège des piqûres, des inflammations et des infections cutanées, il vaut mieux aider un peu la nature.

Je récoltai bientôt les premiers tubercules de manioc blanc. J'avais taillé une batte dans un tronc pour écraser une bonne quantité de manioc doux. Puis je passai la masse humide et laiteuse obtenue dans un tamis de lianes tressées. Je mis alors l'amidon à sécher pendant les derniers jours de soleil. Ainsi, je pouvais attendre, serein, l'arrivée des premières pluies de l'hiver amazonien.

Des coups de tonnerre se firent entendre au loin. Ils me faisaient penser à ces chariots de feu tirés par des chevaux blancs ailés laissant derrière eux des nuages immaculés dans le firmament. Je me dirigeai, comme j'en avais pris l'habitude, vers l'emplacement où j'avais découvert la jeune femme au dos brillant. La pierre où elle s'était assise était utilisée depuis longtemps, pas seulement par elle, mais par d'innombrables jeunes filles. La preuve en était visible à même la pierre : à force de s'asseoir ici durant des années, elles y avaient gravé l'empreinte de leurs fesses rondes et dénudées. Ce lieu avait dû être choisi pour y célébrer quelque étrange cérémonie. Pour moi, ces marques avaient une valeur symbolique. Ces traces minérales laissées par des corps vivants attestaient le passage des générations depuis des temps reculés. Cette pierre était une relique sacrée, il fallait la respecter, ne jamais y toucher ni la déplacer de son lieu d'origine. Elle resterait là pour toujours, elle n'appartenait à aucune tribu, elle appartenait à cet endroit, elle appartenait aux mystérieuses femmes du lac.

Ma spiritualité indigène me faisait sentir une dévotion mystique pour cette pierre que la main n'avait pas travaillée, sinon le corps chaud de belles femmes étranges. J'étais certain que, dans les siècles à venir, la roche, sculptée par leur propre chair, se transformerait en un corps féminin. Cela n'était-il pas plus profond et chargé de sens que des empreintes de mains et de pieds sur les chemins ?...

La sombre saison des pluies s'écoulait, recouvrant la jungle d'un épais brouillard. Les nuits devenaient plus denses, l'obscurité enveloppait de son manteau lugubre les pentes montagneuses entourant le lac.

Une nuit où un vent fort soufflait, je dormais nu près du feu quand je perçus un bruit bizarre. Je vis que la porte d'entrée était en train de s'ouvrir ; me levant d'un bond, je pris ma lance à pointe de silex. J'étais prêt à attaquer l'animal ou l'intrus mais, avant, je l'interpellai dans ma langue. En guise de réponse, une jeune fille nue, couronnée d'une coiffe d'or qui brillait à la lumière des feuilles, entra. Son regard de déesse et son air solennel me figèrent sur place. Elle ne portait aucune arme. Elle avançait vers moi d'un pas décidé. Je ne savais que faire ni que dire. En s'approchant de moi, la jeune femme leva les mains comme pour me saluer. Je l'imitai, sans toutefois lâcher ma lance. Puis elle resta là, comme si elle attendait quelque chose. Je n'avais pas le courage de bouger. Et elle restait debout, toujours immobile, à m'observer. Absolument rien ne se passait.

J'étais sous l'emprise de son regard étrange et pénétrant. Quels yeux ! Ils me faisaient disparaître, comme s'ils me transformaient en un tas de sable. Son sourire était comme la lumière des pétales ouverts des orchidées de mon jardin. Ces fleurs muettes étaient un langage vivant. Je me sentais si petit en sa présence. Je voulus parler mais les mots tremblants mouraient sur mes lèvres. Je compris enfin que mon arme était la raison de son immobilité. Sans plus attendre, je laissai tomber ma lance et le bruit de sa chute me sortit du long état d'hypnotisme auquel m'avait soumis le regard de cette princesse de la nuit. Je sortis de ma torpeur et lui offris de s'asseoir sur le banc que j'avais taillé dans du bois de rose.

Elle s'assit silencieusement en face de moi. Je lui présentai alors un bouillon chaud au jus de manioc. Elle le but à petites gorgées, se délectant de sa douce saveur parfumée. Je lui tendis du miel mélangé à de la pulpe de fruit sauvage Poraqueiba et son goût délicieux lui arracha un splendide sourire sous la pâle lumière régnant à l'intérieur de la maloca.

Je me sentis infiniment soulagé. Mes nerfs se détendirent. Mes muscles se relâchèrent et je redevins homme. J'observai la jeune dame : elle avait la peau cannelle aussi douce que celle d'un bébé. Son visage ressemblait à celui des vierges Mayas, ses yeux noirs paraissaient deux tunnels obscurs d'où jaillissait un puissant et étrange courant d'énergie. Ses yeux étaient vraiment extraordinaires ! Ils pouvaient communiquer les pensées les plus subtiles ainsi qu'une grande connaissance. En les observant, je découvris qu'ils avaient, tels les Mayas, une forme allongée et oblique. Ils étaient beaux, profonds et d'une douceur infinie ; ils étaient le reflet d'une âme.

Ma discrétion et mon silence lui plurent. Elle parcourait des yeux les images que j'avais gravées sur chaque pilier de la maloca. Rien ne l'étonnait. C'était comme si elle était en train de relire les pages d'un grand livre. Ces représentations mythologiques formaient une sorte de généalogie ; chacune d'elles évoquait des temps, des migrations et des générations du passé, avec leurs savoirs et leurs cultures. Elle observait comment était construite la maloca et, à chaque examen, elle marquait son approbation d'un sourire qui m'indiquait sa profonde connaissance sur ce type de maison indigène. Puis elle revint s'asseoir et son regard me dit : il reste quelque chose de très important, que tu ne m'as pas montré !

Je réfléchis pendant quelques secondes et me dirigeai vers l'endroit où pendait mon sac en fibres. J'y pris les trois pierres que mon grand-père zucano m'avait données et les lui montrai timidement. Elle mit avec soin les trois pierres dans la paume de sa main gauche et, chose extraordinaire ! je vis la même lumière qui était apparue dans ma main. Ensuite, elle les déposa à terre et le miracle de la figure triangulaire se répéta aussi ! Cela ne faisait plus aucun doute : cette jeune femme était la fille de mon grand-père zucano ! Je voulus la prendre dans mes bras pour manifester ma joie ! Je voulus me lancer à toutes jambes dans la selva obscure ! Je voulus danser devant elle ! Je voulais lui manifester mon immense bonheur ! Cependant, ma sévère éducation indigène me retint. J'avais appris à maîtriser mes impulsions. Je me souvenais des enseignements taciturnes de mes deux grands-pères. Je m'étais exercé pendant des années à dominer mon corps et mes réflexes pour ne pas trébucher et tomber dans des abîmes d'erreurs fatales. Mon esprit obéissait à la présence spirituelle de ces deux sages. Je m'enfermai donc en moi-même et demeurai dans un état de contemplation absolue. Je rompis ce silence sacré en adressant une prière de gratitude à la selva. Sans dire un mot, la jeune dame me prit la main et entama une danse lente. Ses mouvements étaient doux et rythmés, elle se penchait en arrière sans faire tomber son bonnet d'or. Elle s'allongea sur le sol de ma maloca et se retourna plusieurs fois avant de s'asseoir sur les talons. Son corps suivait le mouvement d'une étrange mélodie et j'entendais sortir de sa gorge un sifflement prolongé, fin et harmonieux : les paroles formaient une musique mélodieuse venant du plus profond de son être. Elle prenait plaisir à danser pour moi, comme si elle voulait me montrer qu'elle utilisait la forme de langage la plus ancienne des humains. Je suivais ses pas et copiais ses mouvements cadencés. Tout en elle était noble et d'une extrême délicatesse. C'était une personne dont les sentiments se situaient au-delà de l'enveloppe charnelle.

Le matin suivant, la jeune dame profitait toujours du spectacle de mes danses et chants d'allégresse. Nous n'avions pas dormi. Le sommeil n'était pas nécessaire. Il avait disparu, comme happé par un vent d'ouragan. Ma danse cessa avec les premiers rayons solaires. Mes chants s'arrêtèrent. La jeune dame me révélait peu à peu sa splendeur spirituelle. De sa peau immaculée émanait une énergie étrange. Au soleil, je vis enfin sa vraie couleur. Une peau cannelle, la même peau que j'avais vue pour la première fois, en ce doux soir d'été, près du lac. Oui, j'en étais certain, il s'agissait de la même jeune fille. Ses cheveux tombaient en cascades sur ses épaules. Son bonnet brillait intensément, comme celui d'une déesse. Il avait été travaillé dans de l'or massif et des dauphins mythiques y étaient représentés : devant, c'était la même image de personnage mi-femme mi-dauphin que m'avait montrée mon grand-père zucano sur l'un des soutiens de sa maloca. Ce bonnet majestueux était bordé de diamants. Mais, ce qui attira le plus mon attention, c'étaient ces minuscules pierres d'un vert reinette qui formaient un triangle rectangle, au milieu de la figure mythologique du front. Elles étaient la réplique de celles que mon grand-père zucano m'avait données pour me guider dans la montagne.

Le visage innocent de la jeune dame irradiait. Ses yeux avaient perdu leur éclat pénétrant de la veille. Ils ne lançaient plus ces puissants rayons invisibles qui m'avaient hypnotisé la majeure partie de la nuit.

C'étaient des yeux noirs, doux, amoureux, brillants de joie. Ils exprimaient le bonheur à tout instant. Ils m'invitaient à la suivre, à lui obéir, à la servir comme un esclave. Je me sentis envahi d'un étrange sentiment envers la jeune fille, comme enchanté par sa douceur spirituelle et sa beauté parfaite.

Après quelques instants, elle me prit par la main et m'entraîna hors de la maloca.

Nous marchâmes une demi-journée sans parler. De temps en temps, elle me désignait les pics élevés des montagnes. Puis elle m'indiqua les eaux cristallines du lac. Un groupe important de dauphins roses surgirent. Ils nous accompagnèrent joyeusement en faisant des sauts, des pirouettes et en dansant dans l'eau. La jeune dame se mit à siffler et les dauphins lui répondirent en chœur. Les notes, suraiguës, étaient émises par de merveilleux sopranos ! Ils produisaient aussi des ultrasons inaudibles. Seuls les dauphins et leur amie pouvaient les entendre et leurs corps vibraient à l'unisson. C'était une conversation « dauphine », un dialogue aquatique.

Nous nous approchâmes alors d'un lieu encerclé d'immenses roches qui avaient jailli des entrailles de la terre, voilà des millions d'années, à la suite de quelque grand cataclysme. Toutes ces roches violettes qui avaient été projetées à la surface conservaient les formes lisses de la lave volcanique.

Alors, la jeune dame disparut de ma vue et je n'entendis plus qu'un bruyant clapotis depuis le bord du lac. Je crus qu'elle s'amusait avec moi. Je nageai vers l'endroit où elle avait plongé son beau corps de femme. Je la cherchai partout, mais elle n'était plus là et il ne restait que le groupe de dauphins roses qui sifflaient joyeux et encerclaient la femelle, comme la première fois. Tout se répétait. Tout n'était que message occulte. Je m'approchai. Ils formaient un cercle, comme s'ils se tenaient par les ailerons, et ils expulsaient de minces jets d'eau de leurs cavités respiratoires. Ils ne cessaient de pousser des cris. La femelle siffla très fort et avança vers mes jambes. Elle nagea autour de moi avec son corps froid puis me serra dans ses ailerons. Elle me fit signe de la suivre dans les profondeurs. Le groupe de dauphins s'éloigna. Je restai seul avec elle. Nous plongeâmes : je me tenais à son dos et, en quelques secondes, nous arrivâmes au fond, devant un paysage de ruines antiques. Mes yeux et mon esprit allaient à l'unisson. Je voyais d'énormes colonnes de temples. Un gigantesque arc-en-ciel en or massif formait l'entrée ! Il était décoré de pierres identiques à celles que m'avait offertes mon grand-père zucano, ainsi que d'améthystes royales, béryls, saphirs, diamants, topazes, turquoises, cristaux, et des milliers de perles noires et blanches resplendissaient majestueusement. L'eau cristalline dispersait leur éclat dans toutes les directions. Quelle splendeur ! C'était cela, la cité d'or des Indiens ! Les portes du temple étaient faites d'épaisses plaques d'or et d'argent. Au centre, se trouvait une sculpture sacrée taillée dans de l'or pur. Elle représentait la femme-dauphin, et de petits sculptures de femmes indigènes au visage de dauphin l'entouraient.

Je suivis mon guide jusqu'à un vaste jardin où gisaient des troncs d'arbres gigantesques dont l'écorce pétrifiée portait une enveloppe d'or. Un coffre abandonné laissait voir son contenu de poudre d'or. La femelle dauphin fit voler avec son « bec » une grande quantité de cette poudre qui retomba sur ma peau. Je regardais les entrées triangulaires des énormes pyramides indigènes. Elle ressemblaient à des constructions mayas, avec leurs grands escaliers, leurs terrasses dédiées aux sacrifices et autres activités religieuses. Il y avait partout ces mêmes troncs fossilisés et enrobés d'or. Je voyais des idoles impressionnantes de dieux zoomorphes, des pierres de plusieurs tonnes éparpillées aux côtés des édifices. Il y avait aussi des couteaux en or, dont le manche était décoré d'esprits difformes. Ma compagne m'emmenait à toute allure à travers cette cité d'or immergée dans les eaux. Je fus soudain pris par de terribles maux de tête, mon sang cogna dans mes poumons, je me mis à avaler de l'eau par les narines et me sentis mourir dans les pires tourments.

L'effet de la potion sacrée de mon grand-père zucano avait pris fin.

Lorsque j'ouvris les yeux, mon grand-père zucano était à mes côtés. Il me frottait le front, me massait la région du cœur et le cou. Il continua ainsi pour que mon corps affaibli par tous ces efforts se relaxe peu à peu. Il me fit boire à une gourde un liquide destiné à me laver l'estomac et m'éclaircir les idées, car mon esprit avait été totalement perturbé par ce long voyage mental. J'avais passé une nuit et deux jours sous les effets du puissant breuvage hallucinogène que m'avait fait avaler mon grand-père zucano. Je me mis bientôt à vomir tout ce que j'avais bu durant ces deux jours. Mon corps, devenu un lourd fardeau, ne m'obéissait pas. Je ne pouvais plus ni me lever ni remuer les bras. J'étais inerte, comme brisé sur le sol. La clarté du jour m'aveuglait. Je sentais mon corps comme une masse informe et incontrôlable. Il tremblait de faiblesse tandis que mon esprit restait embrumé. Deux jours et une nuit consacrés à la cérémonie de la boisson sacrée de mon grand-père m'avaient transporté au-delà de mes capacités et mon cerveau était épuisé par les visions. Mon grand-père tenta de me remettre debout mais je retombais, vomissant à nouveau du liquide noir qui me sortait par la bouche et les narines. Mon grand-père zucano, patiemment, me donna encore du purgatif pour calmer les maux de têtes qui me clouaient au sol. Après quelques heures, je récupérai peu à peu : les douleurs cérébrales diminuèrent et je pus enfin me lever. Soutenu par mon grand-père, nous marchâmes vers sa maloca. Nous arrivâmes chez lui au coucher du soleil car j'allais lentement et mon grand-père me laissait faire une pause toutes les demi-heures. Je m'effondrai dans mon hamac. Mon grand-père se hâta de préparer une soupe légère d'amidon de yuca qu'il mélangea à un jus de fruit et qu'il me fit boire aussitôt. J'avalai tout le contenu de la calebasse. Un sommeil de plomb s'empara de moi.

Je ne me levai que dans la soirée du lendemain. Les toucans chantaient déjà pour le nouveau crépuscule et m'ouvraient les fenêtres de la réalité. A nouveau, je pouvais entendre clairement et mes yeux apercevaient enfin mon grand-père qui me souriait chaleureusement à travers la fumée du feu.

Il me resservit de la même soupe et me dit que je ne pouvais rien manger de salé avant deux jours.

Au bout de ces jours de repos, il me dit :

– Fils, ta faiblesse est terrible ! Tu as reçu des visions très puissantes ! A présent, tu peux garder en mémoire tout le chemin que tu as parcouru. Je suis content que tu aies réussi à passer l'épreuve de notre substance sacrée. Elle ne produit pas les mêmes effets que la tienne. Elle est très différente. Tu le sais, maintenant. Grâce à elle, nous pouvons non seulement voir les esprits de l'autre monde, mais aussi nous souvenir de faits qui se sont produits dans notre vie. Cette boisson nous prépare également à voir l'avenir, les années du futur lointain.

– Oui, grand-père, répondis-je, ce que tu dis est vrai. J'ai voyagé à travers des images qui ont touché mon cerveau, mes idées, et j'ai pu voir d'autres choses, d'autres esprits ; je me suis également retrouvé dans des situations que j'avais vécues étant jeune. J'ai dialogué avec moi-même pendant ce voyage et j'ai lutté contre les forces qui nous oppriment. Mais le plus important a été d'approcher une autre vie, celle de nos frères dauphins.

Dans ma tribu, comme dans celles avec lesquelles j'ai vécu, j'avais vu les mêmes dauphins, je connaissais leur coexistence particulière avec les indigènes, leur conversation étrange sous l'eau, leurs sifflements humains, leur attirance pour les femmes enceintes et les enfants, la naissance de certains bébés indigènes en compagnie des dauphins, une pratique courante dans de nombreux villages... Et j'avais entendu d'étranges histoires de concubinage entre un indigène et un dauphin femelle ; mes grands-pères racontaient aussi qu'une femme indigène se transforma en dauphin après avoir été charmée par un dauphin rose. D'après eux, elle apparaît toujours sous l'apparence d'une belle femme. Elle se métamorphose et surgit des profondeurs aquatiques pour participer aux danses et fêtes dans les villages indigènes. Elle rend les hommes amoureux et ne manque jamais d'en choisir un pour le charmer et l'emmener dans son domaine lointain d'où il ne reviendra plus.

– Grand-père, désormais je connais une infime partie de ta grande connaissance. Je crois que nous, les indigènes, nous possédons un autre ciel, nous avons un autre enfer, un autre Jardin universel, une autre religion... Je pense que notre conscience et notre spiritualité sont totalement opposées à celles des Blancs, au regard de tout ce qui vient de se produire et de tout ce qui précède. Je suis certain que nous survivrons à la dévastation et à la destruction de notre habitat. Car nous avons le privilège de détenir des connaissances nous permettant de nous transformer en dauphins ou en d'autres êtres effrayants dépassant l'imagination. Certains changements que nous vivons proviennent des grands cataclysmes naturels, tandis que les autres sont dus à l'activité de l'homme moderne. Nous, nous avons des années d'avance sur l'homme qui étudie la nature à travers ses livres. Les hommes blancs commencent à peine à découvrir les dons naturels de la selva. Ils ont réalisé de nombreuses expéditions botaniques dans la jungle et n'ont jusqu'à présent pas daigné prendre en compte nos valeurs de véritables connaisseurs de la forêt. Alors que nous sommes prêts à partager avec eux notre énorme réserve médicinale, ils ne partagent absolument rien avec nous.

– Fils, me répondit mon grand-père, nous devons émerger des eaux troubles de la crainte, nous devons lutter valeureusement contre toute forme de peur. L'homme blanc a très peur, car il a découvert qu'il peut, avec sa pensée et de sa propre main, détruire le monde dans lequel nous vivons. Et malgré cela, il s'entête à ne pas vouloir raisonner ni faire revivre ce qu'il a détruit. Un jour viendra où tout cet argent produit par l'homme blanc ne servira plus à rien, puisque nous ne pourrons plus nous acheter aucun produit comestible. Avec ces millions de billets de banque, nous ne pourrons plus nous payer le moindre poisson, car le dernier poisson de la dernière pêche aura disparu des fleuves et des océans. La selva n'existera plus et nous marcherons sans savoir qu'un jour tout cela fut un monde de verdure, de paix et d'harmonie végétale.

« L'argent que les Blancs fabriquent ne se mange pas, fils. Mais ils croient aveuglément que vivre selon leurs idées pourries est la seule voie. Fais attention à toi, mon fils, utilise les enseignements de ton grand-père jaguar et les miens pour vivre selon la spiritualité qui nous rend supérieurs aux pierres et roches des hautes montagnes que tu as connues au cours de ton voyage cérébral. Souviens-toi que la lumière, la grande lumière de la connaissance habite ton esprit indigène, et que les feuilles lumineuses brillent dans ta tête et dans ton cœur.

« Si, un jour, tu reviens par ici, cherche-moi dans le ciel bleu, dans les nuages blancs, dans le chaud matin de chaque été, dans les gouttes de pluie qui mouillent les lèvres de la terre où nous nous trouvons, cherche-moi en chaque insecte, en chaque fleur, parmi tes orchidées sacrées, dans la splendeur des nuits noires, dans la voix du tonnerre, sur le chemin des fourmis muletières, chez les abeilles, dans les minuscules pagodes des termites, à travers le chant de mes toucans, l'odeur des feuilles, la respiration de chaque dauphin rose, dans les empreintes des biches et tortues terrestres, et, surtout, n'oublie pas de me chercher dans le lac aux dauphins, car c'est là que je demeurerai à jamais. L'eau sera ma retraite, loin de cette époque de haine, de misère et de souffrance.

Je sentis pénétrer en moi la voix de mon grand-père dauphin comme un baume apaisant une grande affliction. Ses mots d'adieu contenaient une promesse de nouvelle rencontre. Ce n'était pas un adieu ordinaire. Ce n'était pas une étreinte finale, sinon le commencement d'une autre ère, d'une autre façon de raisonner, d'aimer et de donner ; c'était une autre forme de renaissance, de souffle vital, c'était la voix sacrée d'un grand chaman.

Je demeurai pensif, imaginant mon grand-père dauphin en fugitif des temples incas de Machu Picchu, au Pérou, ou en seigneur de Sipan. Je le voyais comme l'un de ces dessinateurs sacrés de l'altiplano bolivien qui s'étaient réfugiés en pleine jungle, ici, dans l'Etat du Para, au Brésil. J'imaginais mon grand-père dauphin revêtant l'apparence d'un grand prêtre maya, d'un savant toltèque ou d'un médecin aztèque, alors qu'il n'était en réalité qu'un mélange de toutes les représentations de notre monde indigène.

Ma vie avait changé grâce à la connaissance de mon grand-père zucano. Les années passées dans sa tribu m'avaient appris à être meilleur. Selon l'enseignement de mon grand-père dauphin : nous devons vivre pour donner la vie aux autres.

O selva sacrée ! O Grand Esprit parmi tous les Esprits !

4

UN MONDE NOUVEAU

Retour à Leticia

Quelque temps plus tard, je pris congé de la tribu zucano. Mon grand-père s'était réfugié dans son temple, loin de la maloca.

Quand j'arrivais à la mine, les ouvriers furent impressionnés de voir un indigène, nu, avec sa sarbacane, son carquois plein de dards enduits de curare, le visage peint à la mode zucano, et sa ceinture de fibre autour de la taille pour maintenir son pénis attaché à une cordelette. Beaucoup s'écrièrent :

– Attention à l'Indien cannibale ! Vite ! prenez-le par les jambes et les pieds ! Il est très dangereux !

Les ouvriers m'observèrent durant quelques instants. Puis l'un d'eux avança vers moi les mains en l'air, et me dit :

– Ami, ami, je suis ton ami, du calme, viens avec moi, je suis ton ami !

L'ouvrier avait ôté son casque de plastique jaune et il me tendit la main ; ses mains ne tremblaient pas, il était sûr que j'étais un indigène sans défense, pacifique, surgi de son monde végétal, sans soif de guerroyer ni de vengeance.

– Ami, lui répondis-je, levant les mains en l'air ! je suis ami.

Je m'exprimais maladroitement en portugais, d'autant plus que j'étais resté sans le parler pendant plus de deux ans.

La mine avait totalement changé. Tout avait été dévasté pendant mon absence. On ne voyait que de grands camions remplis de machines et de péons qui se dirigeaient vers leurs chantiers. La verte parure de la jungle s'était muée en un champ désertique argileux. Les traces de tracteurs, de pelles mécaniques et de camions avaient effacé nos empreintes et celles des jaguars, tortues et fourmis. Il ne restait pas une branche ni une feuille sur le sol.

Un énorme train métallique chargé de bauxite passait ; son vacarme me rappelait le bruit de la destruction de notre selva. Oui, ce son était bien celui de la dévastation de la jungle d'Amazonie.

L'ouvrier qui tendait les mains dans ma direction ne put serrer les miennes car je le serrai dans mes bras dans un élan inouï de fraternité.

– Bravo ! Bravo ! Bravo ! L'Indien est notre ami ! criaient les autres ouvriers.

L'ouvrier qui m'avait salué offrit de m'emmener au siège de la Direction générale de la mine.

Là, je fus présenté au chef, qui ordonna que l'on m'apporte des vêtements, des bottes, de la nourriture et de l'eau du fleuve Trombetas. Ils me firent manger et boire à une table. Ensuite, ils me conduisirent au fleuve et me dirent que je devais me baigner avant de m'habiller.

Ils me traitaient de la même manière que le groupe de Zucanos, à l'époque où je les avais reçus et aidés. Sur le moment, je ne disais rien. J'attendais qu'ils me donnent une occasion de parler. Je me laissais faire.

Une fois qu'ils eurent constaté mon bon état de santé mentale et physique, ils m'emmenèrent à la section des Travaux sociaux de la mine. Les questions pleuvaient :

– Indien, comment t'appelles-tu ? Comment s'appelle ta tribu ? Où sont les autres Indiens ? Pourquoi as-tu quitté la selva ? Tu es perdu ?

Je dus subir ce flot de questions idiotes pendant une heure. Mais je restai muet, me contentant de les observer.

Évidemment je n'étais pas revenu pour discuter ni pour me fâcher avec eux. J'étais là pour toucher l'argent de deux ans et demi de travail, qui était resté bloqué depuis mon départ avec les Zucanos.

– Amis, leur répondis-je lentement, je ne parle pas très bien portugais, mais je veux voir le docteur Roberto Maya, avec lequel j'ai travaillé ici, en tant qu'auxiliaire de son bureau. Il est le seul à me connaître.

– Incroyable ! comment est-il possible que tu aies travaillé ici, si tu te présentes maintenant comme un cannibale sorti de sa jungle ?

– Je suis un indigène miraña, je suis né dans la selva colombienne et mon nom est Jikiti Buinaima.

– Diables d'Indiens ! Ces Indiens sont une calamité nationale ! Quel idiot d'Indien ! répétait le responsable des affaires sociales qui ordonna à l'un des ouvriers :

– Va à la section du personnel et demande le docteur Roberto Maya. Nous devons vérifier si cet Indien n'est pas en train de nous mener en bateau.

Une heure et demie plus tard, ils revinrent avec le docteur Maya. Lorsqu'il entra, celui-ci me regarda stupéfait ; il m'avait reconnu aussitôt à cause de mes dents effilées.

– Oui, c'est bien l'Indien qui travaillait avec moi voici deux ans et demi ! Laissez-le tranquille ! Je vais l'interroger personnellement. Sortez, s'il vous plaît, je veux être seul avec lui.

– Jikiti, raconte-moi ce qu'il t'est arrivé. Pourquoi n'es-tu pas revenu à la mine après avoir accompagné le groupe d'Indiens zucanos dans leur territoire ? Que s'est-il passé ? Tu es devenu l'un des leurs ! Est-ce qu'ils t'ont obligé à rester dans leur tribu ?

– Docteur Maya, lui répondis-je calmement, vous savez que je suis un Indien de la selva et, comme je suis né dans la même jungle que mes frères zucanos, je suis resté avec eux pour les aider à construire leur hameau dans un endroit très éloigné de la mine, à des centaines de kilomètres. J'ai marché pendant des jours et des nuits pour revenir ici, car on doit me payer les deux années de travail passées à vos côtés.

– Bien, Jikiti, ton explication me rassure. Ne t'en fais pas pour ton salaire. Nous te paierons ton dû. Je reconnais que tu as fait ce que tout indigène aurait fait, s'il s'était trouvé à ta place. Je comprends tes sentiments, et le message que tu m'apportes, je le comprends, Jikiti. Même si je suis un homme blanc – je suis né dans l'une des plus grandes villes du Brésil, à Belo Horizonte. Je suis un ingénieur des mines et du pétrole et je sais les projets en cours en Amazonie brésilienne : la Transamazonienne, les grandes centrales hydroélectriques d'Itaipú (sur le Paraná), de Tucuruí, ici même, dans l'Etat du Pará, le grand programme de Carajás et des centaines d'autres dans les secteurs minier et forestier. Ces projets entraîneront fatalement la disparition de nombreux peuples indigènes de l'Amazonie brésilienne. Ami Jikiti, moi, je fais mon travail et je ne peux pas me révolter seul contre le système.

J'écoutais attristé le docteur Maya. Le progrès était un virus qui le détruisait de l'intérieur. C'est alors que je me risquai à lui faire une proposition :

– Docteur Maya, pourquoi ne pas vous battre pour créer un bureau chargé de veiller à la protection des indigènes qui peuplent ces vastes régions riches en minéraux ? La compagnie Valle do Río Doce est puissante ; elle peut contribuer à éviter la mort inexorable des indigènes. Pourquoi ne pas former un groupe de sauvetage des personnes en danger de mort et d'extinction, qui serait financé par les gains de cette même exploitation minière ? Il n'est pas juste que les directeurs de programmes de tous ces projets destructeurs ne tiennent pas compte des milliers de vies en péril, ici, dans la selva. J'ai pu constater comment les pelles et tracteurs passent sur les arbres arrachés et aussi sur les centaines de milliers d'ossements indigènes, dans l'indifférence la plus totale. C'est une chose inadmissible de la part d'une société qui se dit civilisée.

– Très bien, ami Jikiti, me répondit le docteur Maya. Je vais tâcher de trouver le moyen de mettre en place ce sauvetage. Mais toi, que vas-tu faire, Jikiti ? Pourquoi ne resterais-tu pas travailler avec moi ?

– Non, Docteur Maya, je vous remercie beaucoup, mais je préfère retourner dans mon village, là-bas, à Leticia, en Colombie. Je veux rentrer chez moi et voir mes parents qui sont encore en vie. J'ai passé de longues années à voyager, dans votre beau pays.

Le docteur Roberto Maya me permit de me reposer durant quelques jours dans l'ancienne habitation qui m'avait été destinée. Je lui dis que je souhaitais emporter l'uniforme et les outils de l'entreprise car je voulais les exposer dans ma ville, en témoignages de l'histoire de la destruction de la forêt et à la mémoire des indigènes.

– Ami Jikiti, personne ne peut emporter du matériel de la mine, mais puisque tu es un indigène et que tu as contribué à sauver des Indiens, je donnerai un ordre spécial au gardien afin qu'il te laisse partir librement avec les objets de l'entreprise. Je sais que cela est contraire à la politique économique de la compagnie, mais c'est le minimum que je puisse faire pour t'aider.

Bientôt, j'embarquai à destination d'Oriximiná, située sur la confluence du Trombetas et de l'Amazonie. Une fois là, je pris un nouveau bateau pour Manaus. Il nous fallut naviguer pendant quatre jours sur les eaux troubles et sinueuses de l'immense fleuve. Ne voulant absolument pas m'arrêter à Manaus, je me mis à chercher fébrilement une autre embarcation à destination de Tabatinga. Le voyage dura sept jours. En apercevant enfin le port de Tabatinga, c'est mon adolescence que je revis devant moi.

Une heure plus tard, je serrai mes parents et mes frères avec émotion, et ne pus retenir mes larmes. Ma mère, émue, pleurait aussi. Mon père prépara un délicieux repas et tous s'assirent pour écouter le long récit que je viens de conter.

Mes frères et moi, partîmes visiter notre maloca dans l'ancienne forêt. Il ne restait presque plus rien de ce que nous avions connu. Je recherchai mes anciens cousins indigènes, allant de maloca en maloca. Beaucoup étaient devenus des hommes, s'étaient mariés et avaient des enfants. Moi, j'étais toujours célibataire, mais je savais que j'allais très bientôt rencontrer celle qui partagerait ma vie de nomade.

Les premiers jours de mon retour parmi les miens, je fis une autre démarche importante qui consista à réclamer aux *hacendados* (propriétaires terriens) la restitution de ce qui fut, plusieurs années auparavant, la selva sacrée de mon grand-père Chijj-Kaa-Ba. Cette réclamation se déroula en présence des autorités locales de Leticia et, jusqu'à présent, nous n'avons toujours pas obtenu de réponse positive. Il nous faut poursuivre la lutte jusqu'à ce que nous ayons recouvré nos territoires.

Mon père, mes frères et moi, nous nous sommes mis à travailler dur pour récupérer notre terrain et reconstruire notre maloca. Nous avons cultivé à nouveau notre chacra et je pus assister à la naissance des plantes alimentaires qui nous aideraient à affronter les jours difficiles à Leticia. Notre vie s'était organisée en deux parties : nous passions l'été dans notre maloca de la selva, et l'hiver en ville.

Plus tard, je voulus déménager et m'achetai une maison en bois près de chez mes parents. Je semai dans le jardin des arbres fruitiers et y transplantai un grand nombre d'orchidées sauvages. Avec l'argent de la mine, je pus acheter un moteur hors-bord et transporter les produits indigènes des villages Yaguas et Ticunas avec lesquels j'entretenais de bons rapports d'amitié. Chaque tribu utilisait mon canot pour apporter à la ville ses récoltes, ses poissons et son gibier. Grâce à cela, les indigènes cessèrent de vendre aux commerçants itinérants qui les escroquaient depuis tant d'années. Pour les Yaguas et les Ticunas, une autre vie commençait à travers un nouveau système d'échange commercial. Ils ne recevaient plus des marchandises contre leurs produits, mais de l'argent. Si bien qu'un jour ils décidèrent d'acheter leur propre embarcation équipée d'un moteur hors-bord. Je n'étais pas amer, mais content car je pensais que je venais de remporter ma première victoire pour la cause indigène.

Durant plusieurs années, j'aidai mes parents, puisque j'étais toujours un célibataire sans obligations. Je pus ainsi leur éviter maintes difficultés et prendre soin de leur vieillesse. Ma vie commençait vraiment à prendre un sens vis-à-vis de ma famille. Je les aimais tous. Pour eux, j'avais quitté mon extraordinaire grand-père dauphin, dans la forêt sacrée de l'Etat du Pará, au Brésil. Mais son souvenir était vivant et je conservais son enseignement dans mon cœur et dans ma tête, telle une flamme éternelle.

Ma vie se poursuivait, axée sur mon combat pour la selva. J'avais acquis quantité d'expériences et de connaissances à travers toutes ces années passées à rechercher des réponses au sujet des massacres de nombreux peuples indigènes. Cela me conférait une certaine autorité au sein de la société indigène. Ma parole était respectée là où je désirais m'exprimer et ma présence dans les diverses tribus auxquelles je rendais visite suscitait des réflexions en faveur de l'unité indigène. Je devais continuer d'exercer mon autorité en tant que successeur de mon grand-père Chijj-Kaa-Ba.

Patricia

C'est en 1986, au cours de l'un de mes voyages dans la selva des environs de Leticia, que j'ai rencontré Patricia. J'étais alors loin d'imaginer que cette jeune femme au teint clair et aux yeux bleus allait bouleverser le cours de ma vie. C'était sans doute une fois de plus Grand Esprit de la forêt qui me faisait vivre ce nouvel événement extraordinaire au cœur de la jungle. C'était la rencontre de deux mondes. Une Française et un Miraña ! Le contraste de tous les contrastes ! Le mystère de tous les mystères ! Dire que j'avais attendu si longtemps pour partager ma vie avec une femme indigène... Et je me trouvais, en quelques instants, lié par le regard bleu de cette femme venue découvrir la selva amazonienne. Là, dans l'île de Santa Sofía, à quarante kilomètres de Leticia, sur le fleuve des femmes indigènes guerrières, j'offris une tige d'Heliconias à la personne aimée.

Mon épouse et moi avons vécu quatre ans dans la selva proche de Leticia. Nous habitions la plupart du temps chez mes parents, dans leur maloca située dans la forêt du ruisseau Caimo, là où je suis né puis ai passé ma jeunesse aux côtés de mon grand-père jaguar Chijj-Kaa-Ba. Mon épouse aidait ma mère aux tâches propres à notre tribu et elle devint sa fille favorite. Elle ne partageait pas seulement nos coutumes, elle participait aussi, pour une large part, à notre lutte pour la survie indigène. C'est grâce à son aide, son esprit tolérant et compréhensif que j'ai réussi à réaliser ce grand voyage vers l'Europe. Nous prîmes ensemble cette résolution mémorable pour protéger notre petite Sarah née en 1991 et assurer son avenir. Enfin, je pris l'engagement de connaître le monde qui fut à l'origine de la « Grande Découverte de l'Amérique ».

Comme lors de mon premier voyage à Manaus, la capitale du Caoutchouc, je me rendis en Europe pour trouver des explications et observer cette vieille civilisation de conquérants, de colonisateurs et d'inventeurs. Des craintes, la peur et d'autres sentiments m'ont poussé à venir explorer le continent du peuple fourmi. Je pensais au derniers mots de mon grand-père zucano : « ... Fils, tu ne dois pas avoir peur... » Ces paroles, qui résonnaient dans ma tête, m'ont donné le courage d'entreprendre ce voyage avec mon épouse et notre bébé de huit mois.

En octobre 1991, nous nous envolions de Leticia pour Bogota. Le froid, dans la capitale colombienne, commença à attaquer ma peau et celle de Sarah. Ma femme était habituée aux basses températures. Pas nous. Nous sommes des gens des terres chaudes. Après trois mois de lutte pour obtenir les papiers pour l'Europe, nous nous préparâmes à cette longue traversée dans un oiseau métallique aussi grand que les harpies de mes visions intérieures. Cet immense volatile m'impressionna tellement que je me demandai pendant des heures comment il était possible qu'un monstre aussi lourd pût décoller.

Durant le voyage, je m'inquiétai de mon premier contact avec le monde des Blancs européens. M'accepteraient-ils dans leur société ou, au contraire, devrais-je rejoindre les millions d'étrangers, traités en personnes de « seconde » zone ? Ne serais-je pas en train de commettre une grave erreur en quittant ma vie paisible dans la selva pour le vertige d'une autre jungle technologique ? Pourrais-je m'intégrer à la population française ? Pourrais-je apprendre facilement le français, manger de la nourriture locale, me comporter comme les indigènes ?

Je me demandais si la coexistence avec une société hyper-industrialisée ne me ferait pas oublier ma condition, ma culture et mes origines. Parviendrais-je à admettre la proximité des gratte-ciel des multinationales, là où travaillent ces personnes qui programment la destruction de ma selva, ces personnes qui ignorent nos droits à la vie et qui, avec leurs millions de dollars, pactisent secrètement avec nos gouvernements corrompus afin de s'enrichir aux dépens de milliers de vies humaines ?

Toutes ces questions, et bien d'autres encore, occupaient mes pensées, tandis que j'étais assis près du hublot. J'avais beaucoup de mal à formuler des réponses sur les « gens de l'autre rive de la Terre », mais j'étais au moins sûr d'une chose : où que je me trouve, je ne cesserais d'être un indigène fier de sa culture et je lutterais pour éviter la destruction de la forêt, pour nos droits humains ; je parlerais avec tous les Européens, dans les écoles, les universités, ou les médias.

Le vol dans l'oiseau métallique dura presque dix-huit heures. Nous étions partis un vendredi et arrivâmes le jour suivant. Passer une nuit pour la première fois dans les entrailles d'un tel monstre, à des milliers de mètres d'altitude, en regardant un film sur un grand écran, en entendant des langues différentes, en tremblant de peur pour la vie de mon bébé, fut difficile à supporter physiquement et moralement. C'était le début de mon choc frontal avec « la civilisation ». J'étais comme un primitif cherchant à se frayer un chemin dans ce monde étrange mêlant les humains aux machines. J'avais laissé ma lance, ma sarbacane, mon carquois avec ses dards au curare, le sac de fibres que m'avait légué mon grand-père Chijj-Kaa-Ba, et ma peau était encore imprégnée de l'odeur de la maloca de mon grand-père zucano ; le sourire de sa fille dauphin me traversait l'esprit et la fragance de la jungle n'avait pas quitté mes narines. Je n'allais plus vêtu de ma propre peau ni de ma cordelette de fibres maintenant mon pénis, je portais désormais trois chemises en laine pour me protéger du froid, un pantalon, des chaussures et de grosses chaussettes. Je pouvais à peine bouger dans cet accoutrement. Des envies d'uriner m'assaillaient, mais j'avais peur d'aller dans ces petites toilettes qui s'ouvraient selon un système de boutons et signaux lumineux auquel je ne comprenais absolument rien. Pour apaiser mon angoisse, ma femme me donna une boîte de bonbons. Je faisais de gros efforts pour dominer le tremblement de mes jambes et mon front dégoulinait de sueur. Cela, ajouté à la pâleur de notre fille, était un motif plus que suffisant pour supplier Patricia de rentrer le plus vite possible dans ma maloca de la selva.

– Pourquoi tu ne m'as pas prévenu, Patricia ?

Elle tenta de me rassurer :

– Jikiti, tu dois apprendre les choses par toi-même.

– Très bien. Mais dès que nous serons arrivés, je veux préparer immédiatement mon voyage de retour. Ce type de vie n'est fait ni pour ma fille ni pour moi.

– Calme-toi, Jikiti, dans quelques minutes nous serons à la maison. Une fois sur terre tu seras plus tranquille. Tu verras, il commence à faire doux, maintenant, à Paris. Nous sommes au début du printemps. Tu seras content de voir des fleurs partout. Allez, courage !

Il était environ quatre heures, par un soir lumineux de la fin avril 91, quand nous atterrîmes dans l'immense aéroport Charles-de-Gaulle. Je me promis de ne jamais remonter dans un avion et de rentrer en bateau. C'était ma première leçon et je pris rapidement conscience qu'il me serait difficile de m'habituer au monde dans lequel était née mon épouse. J'avais peut-être fait une bêtise. Je tenais ma fille contre mon cœur, l'embrassais avec la tendresse d'un père dans l'erreur, je lui demandais pardon avec mes caresses et lui promis de retourner dans notre selva le plus rapidement possible, en prononçant ces mots que seul un Indien peut dire :

– Ma fille, enfant de mon âme, je te jure sur la tête de mon grand-père, sur tout ce qu'il y a de plus sacré dans notre selva, que nous retournerons ensemble dans notre maloca et que je n'oserai plus jamais parler de cet endroit angoissant, où nous ne pourrons jamais vivre dans cette paix et cette sécurité que la jungle nous prodigue. Ma fille, mon enfant, je me sens coupable de toutes les peurs que tu as subies dans ce monstre métallique.

Je découvre l'Europe

Je n'avais pas encore fait mes premiers pas sur le sol français que je m'occupais déjà de préparer mon retour dans la selva. Le choc avait été trop brutal. Un changement de temps et d'espace, difficiles à supporter. Je me sentais traqué par tout ce qui m'entourait. Une fois descendus de l'avion, nous prîmes des escaliers roulants, des tunnels en plastique où tous les voyageurs avaient une allure d'automates. Des visages rigides obéissaient aux tableaux électroniques, aux voix anonymes qui sortaient de boîtes noires. Les gens se dirigeaient à toute vitesse, comme s'ils fuyaient leur propre contact ; ils n'arrêtaient pas de monter et descendre les « escaliers marcheurs » ; suivaient les flèches lumineuses, avançaient en silence, méthodiquement, sans un signe de désordre. Comment aurais-je pu entendre « Salut, comment ça va ? », ou « Bienvenue en France, M. Jikiti ». Rien du tout ! L'air de l'aéroport dégageait des gaz étranges, mes yeux se mirent à pleurer et je respirai difficilement. La fumée, l'odeur d'essence et des millions d'automobiles circulaient devant moi. Le bruit infernal des machines trépidantes et l'agitation de la marée humaine étaient insupportables. Par moments, je me sentais défaillir, j'avais envie de vomir et je me mis à suer, comme si je souffrais d'une maladie bizarre.

Ma femme me secoua énergiquement.

– Jikiti, m'expliqua-t-elle, tu ne peux pas rester là, immobile, à observer ce qui se passe autour de toi. Il faut que tu bouges comme les autres. Ici, tout va vite. Tu dois apprendre à marcher plus vite, à faire attention aux signaux dans les rues...

C'est tout juste si je pouvais entendre ce qu'elle me disait. Je me heurtais aux gens qui râlaient après moi. Je ne savais plus où donner de la tête. La foule laissait derrière elle des odeurs infectes ! Quelle affreuse humanité ! Ils nous appelaient « sauvages d'Amazonie », mais nous, ici, pouvions nous faire une idée exacte des « Blancs sauvages de la jungle de béton ». Ils n'étaient pas aussi cordiaux que nous vis-à-vis d'eux, lorsqu'ils débarquaient dans notre selva sud-américaine. Sur leur propre territoire, ils n'étaient que de pauvres malheureux angoissés par leur mode de vie, des misérables qui erraient dans un monde à base d'acier, de ciment et d'asphalte dont ils étaient prisonniers. C'est ainsi que je voyais toute cette architecture urbaine. Et ils voulaient tisser leur toile d'araignée d'acier et de béton dans la selva, à l'image de celle que j'étais en train de découvrir !

Le chauffeur de taxi qui nous conduisit chez ma belle-mère était un Portugais avec lequel je me mis à bavarder dans sa langue. Il prit le temps de m'expliquer pourquoi la vie à Paris était assez difficile. C'était la première personne à me faire entendre que ma présence dans la capitale française n'était pas souhaitable. Plus tard, je me rendrais compte que bien des gens, sans exception, me répéteraient : « Tu ferais mieux de rentrer chez toi, dans ta forêt... parce qu'ici, il n'y a pas de place pour des gens comme toi... »

Le climat doux du printemps, les fleurs du jardin de ma belle-mère et le calme de Sartrouville me tranquillisèrent un peu. Mais l'amabilité de ma belle-famille ne réussit pas à me convaincre de l'éventualité d'un séjour prolongé en France. Je me sentais trop déçu par ma première expérience de Paris. Cette déception ne me quitterait plus jamais. Je n'avais qu'une idée en tête : repartir. Il était possible que tout change et que les choses aillent mieux grâce à mon apprentissage du français, de la culture française, l'acquisition d'un travail stable et à la location d'un petit appartement pour vivre indépendants. Sarah serait éduquée selon les lois françaises, mais je n'oublierais pas de lui enseigner ma culture, ma langue, mes traditions, son lieu de naissance afin qu'elle n'oublie pas ses origines et qu'elle apprenne à aimer la selva, la nature, les oiseaux, les fleurs, les insectes, bref tout ce monde où elle était née.

Quant à moi, je m'efforçais de ne pas me laisser étouffer. Il me faudrait respecter les coutumes et habitudes de tous les Français, en prenant garde de ne pas imiter leur façon de marcher. Quelque temps plus tard, je montai pour la première fois dans le métro parisien, un « ver de métal » qui ressemblait à ces vers de la jungle creusant des galeries souterraines. Les milliers de voitures à l'extérieur me faisaient, elles, penser à des scarabées de couleur, rangés en files interminables.

J'eus un mouvement de panique quand ma femme me guida par la main dans les entrailles de Paris. Je découvris que la moitié de la ville vivait là, dans le sous-sol. Les gens se bousculaient et se tassaient dans le ventre de toutes ces chenilles métalliques qui ouvraient et refermaient leurs portes sur des centaines de personnes pressées. Moi-même, j'avais été emporté par le flot de ces gens. Je me battais avec les portes métalliques et mes bras restaient toujours coincés dans ce système. J'étais devenu un « nouveau né » des « vers métalliques ». Je me faisais manger et disparaissais par les mêmes trous souterrains que Patricia. J'avançais perdu, complètement perdu, je ne savais pas lire les écriteaux électroniques, j'avais mal à la tête, l'angoisse m'oppressait et je sentis pénétrer dans ma propre chair le même désespoir que j'avais lu sur les visages de tous les passagers. Je crus que ma fin était arrivée. Je n'étais plus moi-même, j'étais cet autre voyageur de Paris. Je dis à ma femme que je ne me sentais pas capable de voyager seul. Elle me répondit :

– Jikiti, au début, tout est comme ça ; ensuite, tu ne t'étonneras plus de rien. Allez, tu ne vas pas te laisser abattre aussi facilement. Apprends les signaux par cœur, note sur un petit carnet les direction des trains et des métros. Voici un plan de Paris et une carte de France. Etudie-les attentivement. Tu devrais te souvenir qu'il m'est arrivé la même chose quand j'étais dans la selva. Je ne savais rien de ce labyrinthe, avec ses millions de moustiques, ses serpents venimeux, ses plantes provoquant des brûlures de la peau, les épines qui entraient dans mes bras et mes pieds. Ici, tu redoutes les pièges et les coups portés par un monde de machines. Là-bas, tu m'emmenais par la main et me guidais à travers la selva, et ici, c'est mon tour.

Je l'avais si bien écoutée que je me retrouvai assis dans un TGV pour un voyage dans le sud de la France. Ce train me rappelait l'avion. Il avait le même système pour se laver les mains, le même style de sièges, un vaste bar-restaurant. Tout arrivait si vite. Je n'avais pas le temps de réfléchir, ni de me perdre dans d'oiseuses considérations. J'étais totalement introduit dans un monde de machines qui excluait le style de vie auquel j'étais habitué. Le TGV démarra et prit de la vitesse. En quelques minutes, nous avions laissé Paris derrière nous et je regardais défiler les bois de chênes et de pins.

Nous traversâmes des villes et villages. La verdeur du paysage et l'eau des ruisseaux me redonnaient le goût de vivre et me rappelaient ma forêt. J'étais plus rassuré. A Lalinde, en Dordogne, une jeune Anglaise m'attendait à la gare. J'avais fait ce voyage pour un travail dans une exploitation agricole de cette belle région. Avant mon départ, nous avions repéré une offre d'emploi dans une ferme du lieu-dit de Grand Castang. Je crus trouver des Français et quelle ne fut pas ma surprise lorsque j'appris que les propriétaires étaient anglais. La belle Anglaise me fit un très bon accueil. A mon arrivée à la ferme, je fus reçu par des hommes affables.

« Bon, me dis-je, j'ai de la chance, car, si je ne me trompe, ceux-là semblent des gens plus ouverts et plus chaleureux que les Parisiens. »

La jeune femme m'expliqua mon travail :

– Il s'agit de reconstruire la plupart des vieux bâtiments. Cette maison a été bâtie vers 1550, comme l'indiquent les gravures que nous avons trouvées aux murs. Le grenier à grain, le grand four à pain, l'écurie et la maison principale d'un étage : tout est resté à l'abandon pendant plusieurs années. Comme tu as pu voir, il y a un immense jardin et un verger mal en point. Les acacias, pins, érables, châtaigniers, figuiers, pruniers, pommiers, poiriers, ont besoin de tes mains et de ta connaissance. Ton travail est de faire tout ton possible pour que ces arbres retrouvent leur vitalité. Tu peux utiliser ton savoir de ta forêt amazonienne pour qu'un jour nous ayons de nouveau un beau jardin.

La jeune Anglaise me sourit.

– Nous avons de la chance d'avoir trouvé une personne née dans le plus grand jardin du monde.

– Bon, lui répondis-je en lui souriant, mon nom indigène est Jikiti Buinaima et c'est ainsi que je veux être appelé. Je suis un Miraña de l'Amazonie colombienne. J'ai quarante-cinq ans et j'ai toujours cultivé des jardins pour y faire pousser des plantes comestibles et médicinales de ma tribu. Je ne m'y connais pas en constructions de type médiéval. Je ne sais pas bâtir autre chose que des maisons indigènes, qui ne ressemblent en rien à ces constructions de pierre. Ici, en Dordogne, tout me paraît merveilleux. Le fleuve est superbe et la forêt dans cette région me plaît beaucoup. Je suis proche des arbres, vous comprenez, mademoiselle ?

– Appelle-moi Rebecca. Nous allons travailler ensemble. Les autres hommes travailleront à la maçonnerie et remonteront les murs et façades de toutes ces anciennes bâtisses. Ici, il y a du travail pour des années. Mais notre problème, c'est le manque d'argent. Nous n'en avons pas assez pour bien payer ceux qui viennent travailler ici. Cela dit, ne t'inquiète pas, tu recevras un salaire, même s'il est modeste, le logement et la nourriture gratuits, bien sûr. Tu es d'accord, Jikiti ?

– Oui, Rebecca, pour apprendre à connaître ce pays, votre proposition me semble raisonnable. Je suis content d'avoir fait votre connaissance.

Elle me conduisit ensuite à une chambre que je devais partager avec un Anglais qui me salua en espagnol.

– J'ai travaillé en Espagne, comme professeur d'anglais.

– Caramba ! j'en ai de la chance ! Je lui serrai les mains à la façon typique de mon pays. Comment t'appelles-tu ?

– Robert, mais tu peux m'appeler Roberto.

– Moi, je m'appelle Jikiti. Je suis ravi de te connaître, ami Roberto.

– Tu es un Indien d'Amazonie ?

– Oui, je suis un indigène de la tribu miraña. Je suis venu travailler dans le jardin de cet ensemble de vieilles maisons. Cultiver et planter, je ne saurais pas quoi faire d'autre.

En quelques jours, ils étaient tous devenus mes amis et étaient très impressionnés par mon voyage et ma présence en France. Rebecca était une femme douce et merveilleuse. Nous avons passé des semaines à travailler joyeusement, plantant et replantant une grande variété de légumes, de salades et surtout à soigner les arbres affaiblis par l'abandon. Elle m'apprit à me servir d'une tondeuse à gazon électrique, à construire des emplacements pour faire du compost avec les déchets alimentaires, les feuilles et les branches d'arbres pourris. Bientôt les figuiers, pruniers et roses du jardin commencèrent à fleurir. Nous avons nettoyé la terrasse de la grange et y fîmes sécher de grandes quantités de feuilles d'orties, à des fins médicinales. Nous avons parcouru de grandes forêts, exploré la Dordogne, pêché et ramé comme si j'étais en Amazonie. Rebecca m'accompagnait dans les bois pour voir des cerfs, et nous avons visité les grottes de Rouffignac. Quand nous sommes entrés dans ces cavernes où vivaient des hommes de l'époque préhistorique, j'ai senti une étrange émotion m'envahir. Tandis que nous explorions les profondeurs de la grotte, je découvris un endroit où les pierres laissaient voir des empreintes de corps : c'étaient des marques lisses semblables à d'énormes fesses de femmes, à des bras d'hommes musclés et à des têtes de profil. Je me sentis progressivement marcher sur mes propres traces. Je me souvenais des marques conservées sur les pierres des Cataractes de l'Araracuara (fleuve Caquetá, Colombie) et j'eus la vision fugitive des fesses de la femme-dauphin et de ses compagnes, gravées dans la pierre, au bord du lac qui m'était apparu lors de mes hallucinations.

Une force étrange m'enveloppa et je me mis à danser autour de ce « dortoir primitif ». Puis, je m'allongeai sur les lits de pierre, essayant de me remémorer les rêves de cette humanité disparue. Les peintures rupestres des êtres qui vécurent dans cette partie de la Dordogne me rappelaient les pétroglyphes d'Amazonie laissés par mes ancêtres.

Avançant dans l'ombre des cavernes, j'avais l'impression de visiter des parents éloignés, comme si ces hommes faisaient partie de ma propre ascendance.

Quelque temps plus tard, nous reçûmes la visite de la propriétaire des Thomas, nom du lieu où j'étais venu travailler. Celle-ci rassembla tous les ouvriers et déclara, très sérieuse :

« Mesdames et messieurs, je regrette de vous annoncer que, faute d'argent, nous ne pouvons poursuivre la restauration des bâtiments. Les travaux sont suspendus à partir d'aujourd'hui. Je remercie tous ceux qui sont venus collaborer, et je promets de vous rappeler l'année prochaine pour terminer les travaux. »

Rebecca et moi, avions fait des projets pour visiter l'Amazonie colombienne et mettre en place mon programme de Premier jardin de plantes comestibles et médicinales, dans ma tribu. Nous nous étions engagés à lutter pour sauver la selva.

Quatre ans ont passé depuis mon arrivée en France. Je vis toujours à Sartrouville. Ma fille vient d'avoir cinq ans. Je parle mieux le français, grâce à l'aide de Patricia. Je me sens également capable de comprendre une bonne partie des Français. Ils sont soumis à leur propre monde égocentrique. La compétition individuelle dirige tout.

A présent, je peux monter plus facilement dans les bus, trains et métros. Je fais des achats au « supermarché ». Je suis un consommateur maladroit de cette société qui produit de tout et consomme de tout. Mon apprentissage est lent, ma cohabitation difficile. J'ai peur du racisme qui frappe la France et toute l'Europe.

Maintenant que je suis pour quelque temps en Europe, j'observe attentivement le phénomène des immigrants indésirables dans chaque pays de la communauté européenne. J'ai lu la « loi Pasqua » promulguée en France pour limiter l'immigration. Les chômeurs d'aujourd'hui constituent l'un des prétextes pour restreindre l'entrée des émigrés économiques en Europe. Nous, les immigrés du tiers-monde, nous perturbons les sociétés modernes, nous provoquons une véritable panique, un rejet monstrueux. Il existe une violence moderne qui n'est plus l'apanage des Républiques bananières des pays latino-américains. Cette violence moderne provient du capitalisme triomphant, du grand marché mondial. Tout se fait désormais à l'échelle planétaire. A l'intérieur de ce réseau d'interdépendance économique, s'est créée une énorme masse de pauvres dont la marginalisation provoque le terrible désespoir actuel.

Mon combat pour la selva

J'aime beaucoup lire des auteurs européens et j'essaie de faire mon éducation afin de résister. Je crois que la formation des indigènes sur le monde servira à défendre nos spécificités culturelles. Créer une « résistance culturelle » face au monde actuel peut paraître naïf, mais c'est pour nous le seul moyen de survivre. Aujourd'hui, il est plus que jamais nécessaire de considérer les choses avec un sens aigu de l'urgence, dans le but d'acquérir de nouveaux moyens capables de revaloriser notre culture et de lutter pour notre cause. Si un jour les peuples indigènes venaient à perdre leur culture, ce serait pour eux une véritable menace de disparition, car ils seraient assimilés et plongés dans un cataclysme déclenché par les Européens.

Nous ne pouvons affronter le monde moderne de manière solitaire ; nous ne serons plus des proies faciles pour la société moderne si nous restons groupés. L'idée de créer les Nations unies indigènes (NUI) est la plus grande de nos aspirations. Après l'ONU fondée par et pour les Occidentaux, il nous incombe de sortir de notre marginalisation en construisant une puissante organisation. D'abord, nous devons récupérer notre patrimoine. Les pays pilleurs de nos trésors n'ont jamais pensé nous restituer tous ces objets d'une inestimable valeur spirituelle pour les Amérindiens. Il est donc nécessaire de former un Groupe de récupération du patrimoine indigène, à l'instar de Greenpeace dans le domaine écologique. Notre Groupe de récupération indigène pourrait, par exemple, organiser des manifestations face aux ambassades des pays où nous savons que se trouvent nos objets d'art. Nous devons alerter tous les groupements indigènes d'Amérique et renforcer ainsi l'amour et le respect pour nos traditions. Je n'ai rien contre les anthropologues, archéologues, ethno-logues, etc., je veux seulement les interpeller pour qu'ils exercent sérieusement leur rôle, selon une éthique, avec honnêté, en respectant les objets et lieux sacrés. Il est inadmissible que nos trésors archéologiques soient livrés à d'autres pays. On ne devrait jamais accepter cela ! La splendeur de l'histoire de nos peuples indigènes réside dans notre terre sacrée, dans nos temples et pyramides, nos idoles et images mythologiques.

Cela peut paraître utopique, mais je citerai, à l'appui de cette idée, l'histoire d'un jeune archéologue péruvien, Walter Alva, qui mit à jour, dans les pyramides en ruine de Huaca Rajada, dans la région de Chiclayo, sur la côte nord du Pérou, l'un des plus importants gisements archéologiques. Il s'agit de la chambre mortuaire du seigneur de Sipan. Avec cette découverte, Walter Alva a dû combattre avec acharnement, au risque de sa vie, les « huaqueros » (pilleurs de tombes) de la grande civilisation mochica (100 ans av. J.-C. à 700 ans ap. J.-C.). Un grand nombre d'Européens et d'Américains avaient acheté des objets en or provenant des tombes violées et exportés en contrebande vers la Californie. Après avoir déposé une plainte contre les contrebandiers anglais et américains, le gouvernement péruvien a réussi à récupérer, le 30 mars 1988, quelque mille trois cents objets religieux en or, provenant de la tombe du seigneur de Sipan. C'était la première fois, dans l'histoire du Pérou, qu'une lutte ouverte contre les pilleurs de tombes était déclarée et que des objets d'art précolombiens pouvaient être récupérés.

La véritable Histoire, notre Histoire, n'a pas encore été écrite. Nous devons écrire notre Histoire indigène pour que nos peuples la lisent, pour que nos enfants connaissent le grand mensonge des Blancs et apprennent ce qui s'est réellement passé depuis l'Alaska jusqu'à la Patagonie. Les Blancs racontent leurs histoires à nos enfants, mais la véritable éducation réside dans nos cœurs. Les textes scolaires doivent être entièrement revus. On ne peut pas continuer de tromper les futures générations. Il faut que nos peuples soient autorisés à publier des journaux indigènes sans passer par la censure des ministères de l'Education des pays latino-américains. Nous devons construire des écoles indigènes dans chaque région d'Amazonie et expulser tous les missionnaires de nos hameaux. Ceux-ci ne sont en fait que des agents d'annihilation de nos peuples.

En Equateur, des centaines de milliers d'indigènes Huaorani, Shuar, Aucas, etc., se font acculturer par des radios nord-américaines, comme celle qui diffuse depuis Quito, sous le nom de HCJB *(Hoy Cristo Jesus*

Bendice : Aujourd'hui Christ Jésus bénit), la parole évangéliste. Cette radio émet à travers tout l'Equateur et on peut l'entendre presque partout à l'ouest de l'Amazonie, jusqu'au Brésil en passant par le Pérou et la Colombie. Cette radio préfère jacasser des prières que d'essayer, par exemple, d'alerter le peuple équatorien sur des concessions accordées à des compagnies étrangères pour l'exploration et l'exploitation minières. Les sociétés pétrolières, Occidental Petroleum, Exxon, British Petroleum, Conoco, Arco, Maxus, Oxy, Elf Aquitaine occupent actuellement 90 % de la superficie de la forêt vierge d'Equateur et sont en train de la détruire*. Polluant les fleuves et les terres en y déversant leurs déchets chimiques, abattant les arbres et traçant des routes, ils privent des milliers d'indigènes d'eau potable, de poissons et de territoires de chasse.

Ces missionnaires ont beau vivre sur le terrain la violation de nos droits humains, on ne les voit pas mener campagne pour exiger la suspension des travaux de forage sur les territoires indigènes, pas plus qu'ils ne réclament la moindre indemnisation, la construction d'hôpitaux, de centres d'approvisionnement alimentaire pour les indigènes survivants ou le reboisement de la selva dévastée et contaminée durant des décennies. Au lieu de chercher à rassembler tous les indigènes sur des territoires reconnus par la loi, et organiser la défense de leurs terres, ils œuvrent à la disparition de la culture indigène, extirpant les traditions ancestrales de la mémoire et du cœur des natifs en leur interdisant de pratiquer fêtes et cérémonies. Pourquoi ces missionnaires n'organisent-ils pas des émissions de radio indigènes pour combattre et dénoncer ces abus ? Pourquoi n'existe-t-il aucune chaîne de télévision indigène ? La création de l'Organisation des Nations unies indigènes de l'Amazonie est une nécessité. Son siège serait établi au cœur de la selva et non à New York ou à Londres. Nous avons été écartés des siècles durant des décisions prises. Nous n'avons même pas été reconnus en tant que peuples ou nations parlant leur propre langue, possédant une culture et des territoires historiques.

Au siège des Nations indigènes de l'Amazonie, travailleraient des représentants de chaque tribu indigène connaissant les problèmes dus à la destruction de leurs territoires ancestraux ou menacés de nouvelles invasions, que ce soit par des colons paysans ou des entreprises.

---

*La forêt tropicale de l'Équateur perd chaque année 340 000 hectares. A ce rythme, elle aura disparu en l'an 2016.

L'Organisation indigène aurait préalablement demandé l'assistance internationale de l'ONU, qui créerait une zone neutre pour que les Nations indigènes de l'Amazonie pussent s'y établir. Cette terre formerait, pour la première fois, une sorte d'Etat libre. Ce nouvel Etat libre indigène serait soutenu par les forces de sécurité de l'ONU et les observateurs internationaux de nombreuses organisations non gouvernementales, qui luttent actuellement pour la survie des minorités ethniques.

Une commission indigène serait chargée de veiller à la sauvegarde de nos trésors, de nos vestiges et monuments. Cette commission travaillerait également à la réalisation d'un centre spécialisé dans l'étude de la contamination des eaux de l'Amazone et de ses affluents et interdirait de nouvelles constructions de centrales hydroélectriques. Elle mettrait en place des centres d'études pour les indigènes afin de répondre à leurs besoins les plus urgents, tels ceux découlant des graves atteintes à nos écosystèmes. De plus, nous devrons construire le premier hôpital indigène, où pourra être pratiquée notre médecine traditionnelle en association avec celle des médecins blancs. Il faudra travailler à la découverte de substances médicinales afin d'ouvrir de nouvelles possibilités à l'ethnobotanique et la médecine moderne. Nous savons que notre médecine indigène vient tout juste d'être reconnue par la société occidentale et nous gardons l'espoir de trouver des traitements efficaces contre des maladies souvent incurables, comme le paludisme, les tumeurs cérébrales, les déficiences rénales... L'élite médicale a cru trop longtemps qu'elle était la seule capable de sauver l'humanité, grâce à son « savoir supérieur » qui viendrait à bout de tous les maux présents et à venir.

Nous vivons des périodes de famine catastrophiques. Il nous faudra donc créer le Centre d'agriculture indigène, dans le but d'adapter et de cultiver les espèces de palmiers encore non répertoriées. D'immenses granges d'élevage devront être bâties ainsi que des viviers pour les poissons. Cela afin de faire face aux mauvaises récoltes et de pallier l'absence de ressources alimentaires causée par la destruction de la selva. Mais ces structures seront respectueuses de la vie : les cycles vitaux des plantes ne seront pas altérés, les animaux de la selva pourront se reproduire et grandir normalement.

Le Nouvel Etat libre indigène prendra soin de la vie dans la selva. Et il reste énormément de choses à étudier, dans tous les domaines – humain, animal, végétal, atmosphérique, géologique, aquatique, sédimentaire... Nous lutterons pour tout ce qui nous est sacré, pour ce qui vit dans nos veines, pour tout ce qui repose au fond de notre cœur. Nous dénoncerons au monde le péril qui nous menace, la destruction de nos sources d'énergie et rappellerons à tous ces gens riches et écervelés, qui croient à la loi du plus fort, combien notre planète est petite. Aujourd'hui, il est temps de réagir, de nous demander pourquoi tant d'injustices, de crimes, de violences, de dépressions, de folie collective, pourquoi ces millions de véhicules, toutes ces industries, pourquoi une telle destruction de nos valeurs humaines, un tel éclatement des familles avec des enfants à la dérive. On dirait que les Blancs ont oublié le véritable sens de la vie pour se perdre au rythme d'une danse dégradante et suicidaire. Je ne dis pas que la selva soit le paradis. Non. Je n'oblige personne à suivre ce que certains lecteurs de ces lignes prendront pour les paroles d'un naïf ou la voix d'un primitif issu des profondeurs peuplées de jaguars et d'araignées.

Toutefois, j'ai lu beaucoup d'intérêt sur le visage des étudiants blancs lorsqu'ils me voient dialoguer avec les arbres et danser tout autour. Enfant de la forêt sacrée, je me prononce autant contre la destruction de la forêt amazonienne que contre celles de la Sibérie ou de l'Inde. Le bien-être des pays industrialisés coûte beaucoup trop cher.

Mon vœu est de construire ce nouvel Etat libre indigène, qui vivra selon la conscience, la pensée, les idées et le travail indigènes, en osmose avec la nature et avec nos ancêtres.

Ce Nouvel Etat libre indigène sera un instrument de paix et de coexistence pacifique pour les différents peuples indigènes, qui travaillera avec les Nations unies indigènes, sous la protection des Etats membres de l'ONU. Ainsi, nous pourrons avoir une voix et voter les décisions concernant l'exploitation rationnelle des ressources naturelles renouvelables et non renouvelables de nos territoires. Le monde saura enfin que les indigènes sont, eux aussi, des êtres humains.

Souhaitons que le dernier sommet de Rio pour l'environnement et celui de Copenhague pour lutter contre la pauvreté ne s'ajoutent pas aux scénarios habituels concernant les peuples du tiers-monde.

Les peuples indigènes d'Amazonie n'ont pas été suffisamment représentés à ces deux sommets. Et les inégalités entre pays riches et pays pauvres continuent de se creuser. Notre force de persuasion, lente mais sûre, arrivera à son but. Nos enfants vivront avec les enfants des Blancs et apprendront dans les universités comment lutter contre les travers de la société blanche. Nous avons besoin d'avocats, d'ingénieurs, de botanistes, de biologistes, de constructeurs, de professeurs et de médecins indigènes. Il nous faut également des anthropologues, des techniciens et ingénieurs agronomes autochtones, ainsi que des urbanistes pour contrôler le développement de nos villages. C'est une véritable course contre la montre, puisque les Blancs ont déjà planifié la domestication totale de notre selva.

Aujourd'hui, nous avons compris que nous devons vivre avec eux afin de mettre à profit leurs connaissances pour nous défendre. Nous recherchons la paix, coûte que coûte, mais je sais très bien que, parmi nous, il se trouve des hommes impatients, prêts à utiliser la violence pour la violence. Mort pour mort, cette méthode est sans valeur, le sang innocent a déjà trop coulé.

Cet humble récit d'un Indien miraña ne se contente pas de faire l'éloge de la vie indigène en Amazonie ; il veut que le monde sache combien l'immense jardin formé par la selva est essentiel pour la vie sur terre. L'existence des forêts tropicales est menacée, par conséquent celle de ses habitants. Leur disparition constitue sans nul doute une des plus graves crises de notre temps. Chaque année, des superficies équivalentes à celle de la Grande-Bretagne sont détruites et des milliers d'espèces vivantes disparaissent chaque jour. Nous n'avons encore qu'une très vague idée de ce que tout cela représente. Les humains sont conscients de cette destruction, mais ils ne mesurent pas vraiment l'étendue des dégâts.

Il était une fois... des forêts tropicales qui formaient une ceinture autour de la Terre. Cette ceinture verte était interrompue par les océans et quelques zones, au climat hostile. Elle traversait quatre grands continents : l'Amérique Centrale et du Sud, l'Asie du Sud-Est, l'Afrique centrale et occidentale et l'Australie, sans oublier toutes les îles dispersées sous les Tropiques. Aujourd'hui, nous pouvons constater avec stupéfaction que cet immense et compact tapis vert s'effiloche et part en lambeaux. Certaines régions ne sont plus peuplées que d'une seule variété d'arbres et on estime que la moitié des forêts tropicales ont été perdues. Ce qu'il en reste a d'autant plus de valeur : les formes de vie les plus anciennes et les plus variées du monde y résident. A elle seule, la forêt brésilienne abrite plus de 50 % de toutes les espèces vivantes du globe. Les animaux et tous les organismes vivants qui peuplent les forêts amazoniennes sont uniques sur la planète. Et ceux qui, jusqu'à présent, ont pu être identifiés et répertoriés par les scientifiques sont susceptibles d'apporter de grands bienfaits à l'humanité. Comment ne pas être émerveillé devant cette vie qui fourmille à l'ombre des feuillages tropicaux et ne pas être révolté par sa disparition programmée inexorablement ? Un jour viendra où nous serons obligés de comprendre que nous ne pouvons laisser mourir encore et toujours ce que nous n'avons pas voulu ni su valoriser à temps. Je le répète, ce récit d'un indigène miraña est un APPEL AU SECOURS lancé au monde pour sauver tous les indigènes et leur forêt, pour sauver nos frères Yanomamis qui se font actuellement exterminer au Brésil et au Vénézuela, non seulement à cause des chercheurs d'or, mais aussi du fait des multinationales. Mon cri s'élève contre l'agonie de notre verte planète.

En associant les connaissances pratiques des indigènes de la forêt amazonienne à celles des scientifiques modernes, nous pourrions découvrir et comprendre dans un esprit de sagesse le fonctionnement de notre mère la selva. Tel le jardinier qui soigne ses plantes avec amour, nous parviendrions à connaître les besoins de la forêt, les meilleures manières de la préserver, les grandes étapes de son évolution sur des millions d'années et comprendre comment des écosystèmes aussi complexes, avec une telle quantité d'espèces vivantes, ont pu se créer. Tout ce fabuleux environnement, nous en parlons depuis longtemps sans en capter l'essentiel, puisque nous sommes, par exemple, incapables d'évaluer quelles seraient réellement les conséquences pour la vie planétaire de la disparition de cette réserve biogénétique.

Les cycles vitaux interdépendants de la selva notre mère forment un ensemble fragile. Chaque fois qu'un organisme s'éteint, il est récupéré par d'autres qui s'en nourrissent. Dans la forêt tropicale, le système de recyclage naturel s'est développé pendant des millions d'années pour donner ce que nous connaissons aujourd'hui. Ainsi, sur une terre paradoxalement pauvre, une flore exubérante se développe, grâce aux arbres qui fournissent les nutriments nécessaires et fertilisent le sol. Sans l'humus fourni par les arbres, la terre s'appauvrit rapidement puis se dessèche. Les crues des fleuves se chargent d'emporter ce qu'il en reste et les déserts s'installent. Les cultivateurs et éleveurs l'ont constaté à leurs dépens, puisque la production des terres qu'ils ont défrichées baisse rapidement et qu'ils sont obligés d'avancer toujours plus dans la forêt, pour exploiter de nouvelles terres. Cela s'ajoute aux problèmes déjà évoqués concernant la présence destructrice des chercheurs d'or, des compagnies forestières, des multinationales, etc. Nous avons la fâcheuse tendance à croire que les humains ne peuvent habiter et exploiter la forêt sans la détruire. Les peuples indigènes et leurs méthodes traditionnelles ont pourtant démontré le contraire pendant des siècles. Ils sont là pour nous rappeler tout ce que nous avons oublié. Les peuples indigènes connaissent et respectent les délicats équilibres de leur environnement complexe. Aujourd'hui, ils sont incapables de faire face à l'avancée féroce et violente de la civilisation industrielle. Ils se trouvent dans une situation critique qui devrait interpeller l'opinion publique, l'Organisation des Nations unies, la Communauté européenne et les Organisations non gouvernementales.

Parfois, je me mets à penser que nous avons emprunté le « chemin de la mort inexorable ». En dépit de cela, je m'unis à tous mes frères indigènes du globe pour attirer l'attention du monde et inciter l'homme moderne à réfléchir, afin qu'il cesse de détruire notre Mère la Selva. Car elle garde seule, sous son vert ombrage, le plus fabuleux des trésors de la Nature : la VIE.

La déesse verte

Elle est notre sanctuaire,
notre lieu de prière,
De son ventre nous sommes toutes nées,
nous, les tribus de la Selva.
De sa chair grandissent les arbres sacrés,
avec leurs branches levées comme des mains,
dans un geste de supplique
adressé aux esprits des vierges hauteurs.

Dans son royaume naissent les termites,
qui construisent leurs tours,
telles de minuscules pagodes,
parmi les ruines de la selva.

Là naissent le sourire des fleurs,
les insectes avec leurs âmes colorées,
le magnifique papillon bleu,
Walkyrie de l'ombre verte,
divine danseuse des heures.

La Fleur qui jamais ne meurt,
l'orchidée divine,
ô beau jardin suspendu !

ô Déesse verte !
Tu gardes
le fabuleux trésor de la vie ;
tu gardes la vision des chamans !

Un jour, nos frères Dauphins
quitteront leurs demeures aquatiques
pour reprendre leur forme humaine !
Un jour, notre Déesse verte
nous ouvrira les portes de la Grande Pyramide,
les portes secrètes
de la cité d'or des Indiens !

Ainsi, quand je m'enduis de poudre d'or,
avec l'or de la Déesse verte,
c'est pour célébrer le rite sacré,
c'est parce que je suis un fils de la Selva.

JIKITI BUINAIMA,
Paris, automne 1994.

Notes de l'auteur sur l'Amazonie

Superficie

L'Amazonie est un gigantesque bassin de 6 112 000 km^2. Elle couvre presque la moitié du Brésil et comprend : une partie du Vénézuela, de la Colombie, de l'Equateur, de la Bolivie, du Pérou, du Paraguay et la majeure partie du Surinam ainsi que des Guyanes française et britannique. La forêt tropicale d'Amazonie représente le tiers des forêts de la planète et plus de la moitié de l'ensemble des forêts tropicales. Elle contient un quart des réserves mondiales d'eau douce et abrite plus de deux millions d'espèces animales et végétales (ce chiffre est approximatif, car de nombreuses espèces n'ont pas été encore identifiées tandis que d'autres sont en train de disparaître ou ont déjà disparu). Sur un seul km^2 de forêt amazonienne, peuvent pousser jusqu'à cinq cents espèces d'arbres (contre une dizaine en Europe).

Géologie

Le bassin d'Amazonie a six cents millions d'années. La Cordillère des Andes s'est formée beaucoup plus tard, il y a soixante-dix millions d'années. La présence de dauphins roses dans l'Amazone atteste l'existence ancienne d'une faune Atlantique. La forêt amazonienne date, quant à elle, de l'ère quaternaire (environ un million d'années).

Climat

L'Amazonie a un climat chaud et humide, de type tropical. Les précipitations annuelles sont abondantes, à cause de la proximité de l'Equateur. La température moyenne est de 24,5° C. Elle est relativement stable tout au long de l'année. Au nord de la ligne équatoriale, il existe une époque de « sécheresse » qui dure de novembre à février. Au sud, on observe le même phénomène, mais de juin à septembre. La pluviométrie est considérable : 1 500 millimètres par an. La forêt joue un rôle essentiel dans l'alimentation et la régulation des fleuves et rivières : elle absorbe l'eau qui réalimente ensuite les cours d'eau par capillarité du sol. Quand la forêt est détruite, cela entraîne des inondations catastrophiques, qui alternent avec des périodes de grande sécheresse. La déforestation en Amazonie provoque l'apparition de déserts stériles : la mince couche de terre fertile, n'étant plus retenue ni nourrie par les arbres et les plantes, se trouve emportée par les fleuves, durant les crues.

Relief
La forêt amazonienne est caractérisée par un relief généralement plat. Celui-ci s'élève au nord, aux abords du plateau des Guyanes, et au sud, près de celui du Mato Grosso (Brésil).

L'Amazone en chiffres
Le fleuve Amazone s'étend sur une longueur variant entre 6 400 et 7 025 km, selon la délimitation choisie pour sa source, dans les Andes du Pérou. Plusieurs lieux sont en effet en compétition, concernant la naissance de l'Amazone : le mont Huagra, le lac Laricocha, et récemment la lagune McIntyre. Cette dernière porte le nom de l'explorateur nord-américain McIntyre, qui découvrit en 1971, à 5 500 m d'altitude, sur les hauts plateaux péruviens, une minuscule lagune, où, pense-t-il, le fleuve prendrait sa source.

Largeur – Celle-ci varie entre 2 km, à Leticia (Colombie) et 11 km, à la confluence du fleuve Noir et du Solimôes (nom de l'Amazone au Brésil, depuis Tabatinga jusqu'à Manaus), pour atteindre cent km d'embouchure sur l'océan Atlantique.
Profondeur – Elle est très variable et dépend de la saison des pluies ainsi que de la fonte des neiges dans la Cordillère des Andes. A certains endroits, elle oscille entre 25 et 90 mètres de profondeur, comme, par exemple, à sa confluence avec le fleuve Noir.
Débit – Il varie entre 75 000 et 212 000 m^3 par seconde, selon les saisons.
Affluents – L'Amazone a 1 100 affluents, dont dix-sept font plus de 1 600 km de long.

Histoire
Le conquistador espagnol, Francisco de Orellana, découvrit l'Amazone en 1542. Il lui donna ce nom en hommage aux guerrières indigènes qui peuplaient ses rives. Pour les indigènes, ce fleuve s'appelle « Grande Voie d'eau ».

Bibliographie

Mad White Giant de Benedict Allen, Ed. Macmillan, Londres, 1985.
The Amazon, Time-Life Books, Time Warner Inc, Etats-Unis, 1985.
La Sève de la colère - Forêts en péril : du constat aux résistances. Dossier Publicetim N°18/19 - 1990. Ed. Du Cetim, 37, quai Wilson, CH-1201 Genève, Suisse.

Glossaire

NOTE DE LA TRADUCTRICE

Ce glossaire a été constitué à partir des indications fournies par l'auteur. Les animaux et plantes non identifiées conservent leur nom en langue vernaculaire ou hispanique. Leur traduction française correspond généralement à une transcription littérale basée sur la caractéristique principale du sujet.
Nous remercions M. Jacques Tournon, ethnobotaniste, chercheur au CNRS et au Département d'anthropologie et ethnologie de l'Université de Paris VII (Jussieu), qui nous a permis de compléter cette liste.

Animaux

Cerrillo : espèce de pécari se déplaçant en petits groupes de quatre individus. Porte un collier de fourrure blanc. *Tayassu tacaju.*
Dinde colorée : *Penelope spp.*
Fourmi « mûletière » (*hormiga arriera*) *Atta spp.*
Garopa ou *palometa* : poisson *Cf. Mylossoma sp., Characidae.*
Grenouille dorée géante - *Rana goliath.*
Huangana (mot péruvien) : pécari commun. Se déplace en troupeaux *Tayassu pecari.*
Mico cebuella : petit singe (genre ouistiti) *Cebuella pygmaea.*
Mico churuco : singe laineux *Lagothrix spp.*
Mico saki : singe gris également appelé "singe volant".
Mico zogui-zogui : singe à poils roux *Cebus spp.*
Oiseau *chikua* : oiseau sorcier.
Oiseau *pauxi* - *Nothocrax urumutum.*
Oiseau trompette : *Psophia crepitans.*
Paca ou *borugo* : Agouti-paca (gros rongeur).
Pada : insecte non identifié à rayures obliques brunes et jaunes.
Perroquet vert parleur : *Arara cf. manilata* ou *nobilis.*
Poisson *pirarucu* : poisson qui respire l'air à la surface *Arapaima gigas.*
Serpent *maja* : grande couleuvre.
Serpent fer de lance - *Bothrops sp.*
Silure : grand poisson-chat.
Toucan : *Ramphastos spp.*
Yotoro : perdrix géante.

Plantes

Balata : arbre au tronc renflé - *Manilcara sp., Sapotaceae.*
Caimito : caïmitier - *Chrysophyllum caimito, Sapotaceae.*
Cacao *maraca* : cacao sauvage *Theobroma sp., Sterculiaceae.*
Cetico ou *yarumo* : bois canon - *Cecropia spp., Cecropiaceae.*
Chuchuhuaza : écorce aux propriétés médicinales de l'arbre *Heisteria pallida, Oleacaceae.*
Coca : *Erythroxylon coca, Erythroxyliaceae.*
Cumare : variété de palmier - *Astrocaryum sp., Palmae.*
Granadilla : pomme-liane ou grenadille *Passiflora spp., Passifloraceae.*
Guamas : pois sucrés - *Inga spp., Leguminosae.*
Hévéa ou *seringa* (mot brésilien) - *Hevea brasiliensis, Euphorbiaceae.*
Igname : *Dioscorea alata, Discoreaceae.*
Mata-mata : espèce d'arbre non identifié, dont l'écorce sert à fabriquer des ceintures et courroies.
Mijj-ji-yi : en miraña, fruit oléagineux et parfumé, non identifié.
Mojojoy ou *suri* : larve de coléoptère des stipes pourris de palmier *Rhynoceurus sp.*
Mwitsimi : fruit du caïmitier.
Nivrée ou nivraie (*barbasco de raíz*) : plante ichtyotoxique employée pour la pêche.
Noix tropicale sylvestre : noix du Brésil *Bertholletia sp., Lecythidaceae.*
Palma asai : palmier pinot ou "wassaie" *Euterpe oleracea, Palmae.*
Palma barriguda - Hua- cara- pona : palmier "ventru".
Palma canangucho (Colombie) ou *aguaje* (Pérou), *buriti* (Brésil) : palmier bâche *Mauritia flexuosa, Palmae.*
Palma carana : palmier non identifié à usage domestique (fabrication de toitures, ustensiles, vêtements...)
Palma de chontaduro : palmier pêche *Guilielma gasipaes* ou *Bactrisgasipaes, Palmae.*
Palma cumare : palmier - *Astrocaryum sp., Palmae.*
Palma de milpeso : palmier Jessenia ou patawa - *Jessenia polycarpa Karst., Palmae.*
Palma pona : palmier - *Iriartea sp., Palmae.*
Palo de sangre : arbre bois de sang à l'écorce rouge - *Meliaceae* ou *Leguminosae.*
Patate douce : *Ipomoea batatas, Convolvulaceae.*
Rocouyer *urucu*, dit « roucou ». Les graines de cet arbuste servent à fabriquer une teinture rouge, l'achiote *Bixa orellana, Bixaceae.*
Samauma : kapokier géant - *Ceiba sp., Bombacaceae.*
Surba : variété de *balata* - *Manilcara sp., Sapotaceae.*
Totumo : calebassier - *Crescentia cujete, Bignoniaceae.*
Umari : arbre *Poraqueiba* - *Poraqueiba sericea.*
Uva silvestre : pouroumier ou arbre à raisin pouroumier - *Pouruma cecropiafolia, Cecropiaceae.*
Yacare-uba : arbre crocodile non identifié (doit son nom à son écorce qui ressemble à la peau du crocodile).
Yajé : liane hallucinogène - *Banisteriopsis sp., Malpighiaceae.*
Yuca : manioc, variété douce, variété amère : *Manihot esculenta, Euphorbiaceae.*

TABLE DES MATIÈRES

Achevé d'imprimer en avril 1996
sur les presses de l'imprimerie Robert à Marseille
pour le compte des Éditions de Paris

Dépôt légal : mai 1996

SOUKASEUM
STOP AFFAIRES
10F00 .